비정규직을 위한 **따뜻한**
인사노무관리

비정규직을 위한 따뜻한 인사노무관리

발행일	2018년 1월 12일

지은이	정 학 용		
펴낸이	손 형 국		
펴낸곳	(주)북랩		
편집인	선일영	편집	권혁신, 오경진, 최예은
디자인	이현수, 김민하, 한수희, 김윤주	제작	박기성, 황동현, 구성우
마케팅	김회란, 박진관, 김한결		
출판등록	2004. 12. 1(제2012-000051호)		
주소	서울시 금천구 가산디지털 1로 168, 우림라이온스밸리 B동 B113, 114호		
홈페이지	www.book.co.kr		
전화번호	(02)2026-5777	팩스	(02)2026-5747

ISBN	979-11-5987-931-9 13330 (종이책)	979-11-5987-932-6 15330 (전자책)

이 도서의 국립중앙도서관 출판예정도서목록(CIP)은 서지정보유통지원시스템 홈페이지(http://seoji.nl.go.kr)와 국가자료공동목록시스템(http://www.nl.go.kr/kolisnet)에서 이용하실 수 있습니다. (CIP제어번호: CIP2018000602)

(주)북랩 성공출판의 파트너

북랩 홈페이지와 패밀리 사이트에서 다양한 출판 솔루션을 만나 보세요!

홈페이지 book.co.kr　·　**블로그** blog.naver.com/essaybook　·　**원고모집** book@book.co.kr

비정규직을 위한 따뜻한 인사노무관리

정학용 지음

북랩 book Lab

　일본 미쓰비시 전기 회사가 어느 시골 마을에 반도체 공장을 설립할 때의 일이다. 미쓰비시는 농토를 잃은 마을 사람들을 비정규직 근로자로 채용했다. 대부분 청소 노동자였다. 그런데 미쓰비시가 정밀 기술을 요하는 반도체 회사이다 보니 조그만 자극에도 공장이 멈추도록 설계되어 있었고 이 시골 마을 반도체 공장에는 하루에 몇 번씩 가동이 중단되는 일이 발생했다. 전문가를 초청하여 조사하고 정밀진단을 해봐도 그 원인을 알 수 없었다. 그때 비정규직 근로자로 일하던 아줌마 한 분이 공장이 서는 시간이 신칸센이 지나가는 시간과 일치한다며 회사 관리자에게 보고했다. 그 결과 미쓰비시 전기 회사는 공장이 서는 이유를 신칸센으로 인한 진동에 있음을 파악하게 되었다. 그 후 적절한 조치를 취한 결과 더 이상 공장이 서는 일은 사라지게 되었다.

　비정규직 근로자도 회사의 중요한 일원이며 이들을 어떻게 대하느냐에 따라 회사의 성과에 중요한 영향을 미치게 된다. 비정규직 근로자로 시작해서 글로벌 기업의 CEO로까지 성장하거나 비정규직 근로자의 고용안정을 통하여 애니메이션 업계의 선도적 위상을 확보하는 등 비정규직 근로자가 기업성과에 긍정적인 영향을 끼친 사례는 넘쳐난다.

　그러나 대부분의 비정규직 근로자가 맞이하는 현실은 그렇지 못하다.

사업장에서 비정규직 근로자들을 활용하는 사유는 인건비를 절감하기 위해서, 전문성을 요하는 업무가 아니라서, 또는 보조인력이 필요해서 등이다. 그 결과 비정규직 근로자들은 고용불안과 저임금 등 열악한 근로조건에 직면하게 되고 이들의 생산성은 떨어진다.

비정규직 근로자에 대한 이러한 인식과 태도는 사업장 발전에 도움이 되지 않는다. 제4차 산업혁명 시대에는 인력의 글로벌 소싱이나 업무의 아웃소싱 등으로 비정규직 근로자의 증가가 불가피하다. 따라서 비정규직 근로자에 대한 인식변화나 동기부여 방안에 대한 연구 없이는 새로운 시대에 제대로 헤쳐 나갈 수 없다. 비정규직 근로자들에 대한 동기부여 방안과 이를 실무적으로 적용할 방법에 대한 고민이 절실하다,

비정규직 근로자의 동기부여 방안 등을 책자로 발전시키는 것은 혼자서는 힘에 부치는 일이었다. 어느 햇볕 좋은 날 김현주 박사님께서 제안하신 아이디어가 없었다면 이 책은 세상에 나올 수 없었을 것이다. 또한 집필 방향이나 책 편집 등에 관한 진심 어린 조언이 있었기에 일천한 경험으로도 책을 집필할 수 있었다. 이 기회에 김현주 박사님께 감사의 마음을 전한다.

이 책은 여타 비정규직 근로자 관련 책자들에 비해 다음과 같은 특징이 있다.

첫째, 이 책은 비정규직 근로자를 위한 '따뜻한 인사노무관리' 프레임워크를 제시하고 있으며, 행복한 비정규직 근로자로, 궁극적으로는 행복

한 사업장으로 발전할 수 있는 방향을 제시하고 있다.

둘째, 기업과 노동 현장에서 체험한 경험을 바탕으로, '따뜻한 인사노무관리' 실현을 위한 동기부여 방안이 사무실에서 실제로 적용될 수 있도록 하고 있다.

셋째, 시중의 비정규직 근로자에 대한 대부분의 책이 노동법 문제 중심으로 기술된 데 반해, 이 책자는 인사관리 관점과 노동법 관점을 통합하여 리스크를 최소화하고 있다.

넷째, 비정규직 근로자 관리를 위한 최신 사례 및 판례들로 보완하였고, 또한 이해 편의를 위하여 도표나 그림을 많이 사용하고 있다.

다섯째, 이 책은 비정규직 근로자를 위해 집필했지만, 기본은 인적자원관리이기 때문에 조금만 발전시킨다면 정규직 근로자에게 적용하는 데도 무리가 없다.

이러한 정성이 독자들에게 전달되어, 사업장에서 비정규직 근로자들에 대한 관점이나 인식이 변화하고, '따뜻한 인사노무관리' 방안이 이러한 문제들을 극복하는 데 조금이라도 도움이 된다면 더 바랄 것이 없겠다.

2018년 1월

정학용

CONTENTS

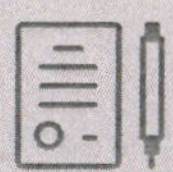

제1장

프 롤 로 그

'최고의 직장'을 만드는 중요한 요소는 기업의 복지제도나 관행만이 아니었다. 급여나 복지수준, 최고의 재정능력을 갖춘 회사에 사람들이 열광할 것으로 생각하지만, 그것이 전부는 아니라는 말이다. 직원이 진정으로 일하기 좋다고 느끼는 회사에는 복지나 관행을 능가하는 무언가가 있었다. 그것은 바로 리더와 직원과의 관계였다. 즉, '최고의 직장'을 만드는 비결은 리더가 무엇을 하느냐보다 어떻게 하느냐에 달려 있다는 것이다.

- 마이클 버첼 등(이민주), 『최고의 직장』, 위즈덤하우스, 2014, P.18

I. 비정규직 근로자들이 계속 증가하고 있다

　오늘날 우리 사회에서 기업 관련 이슈 중에서 비정규직 근로자 문제만큼 핫 이슈는 없다. 문재인 대통령은 당선 뒤 첫 공식일정 장소로 인천공항공사를 방문했고, 거기서 비정규직 근로자들을 모두 정규직화하겠다는 약속을 받아내며 임기 내에 비정규직 문제를 반드시 해결하겠다는 약속을 했을 정도다.

　우리나라의 비정규직 인력 규모는 꾸준히 증가해왔다. 정부기관의 공식 조사에 따르면, 2016년 전체 임금 근로자 중 대략 3명 중 1명이 비정규직 근로자라는 것이다. 이러한 비정규직 근로자의 증가는 대체로 외환위기 이후에 노동시장 유연화의 필요성과 더불어 <그림 1-1>에서 보는 바와 같이 노동시장의 수요와 공급 측면에서 견인하고 있기 때문이다.

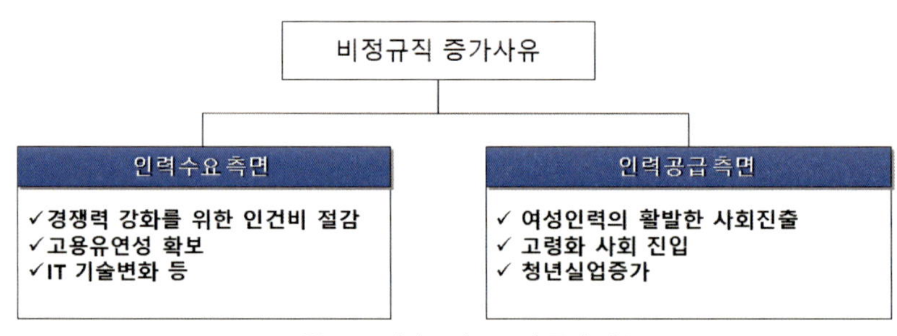

<그림 1-1> 비정규직 근로자 증가 사유

1. 인력수요 측면

비정규직 근로자들의 증가 사유에 대한 수요측면은 인건비 절감을 통한 경쟁력 강화, 고용 유연성 확보, IT 기술변화 등이 있다.

첫째, 기업들이 인건비를 절감을 통한 경쟁력 강화를 위해서 비정규직 근로자들을 증가시켜 왔다. 이러한 경향은 단지 국내적 현상이 아니라 세계적인 현상이다.

둘째, 기업들이 고용 유연성 확보를 위하여 비정규직 근로자들의 고용을 증가시켰다. 기업들은 호황일 때는 기간제 근로자나 파견 근로자 등을 늘려 수요에 대응하고, 불황일 때는 이들을 우선적으로 정리함으로써 경영환경의 불확실성에 대응해 왔다. 2017년 국내 한 경제 주간지 따르면, 수주물량에 민감한 국내 건설사들의 경우에는 직원 3명 중 1명을 기간제 근로자로 활용하고 있다고 한다.

셋째, IT 기술 발전이 비정규직 근로자들의 취업 기회를 증가시켰다. 사회의 디지털화·전문화는 기업으로 하여금 고도로 전문화된 기간제 근로자의 채용을 선호하게 하고 있다.

2. 인력공급 측면

노동공급구조의 여성화, 고령화, 청년실업 증가 등도 비정규직 근로자 증가현상을 견인하고 있다.

첫째, 여성의 꾸준한 사회진출 증가는 비정규직 근로자의 증가로 이어졌다. 특히 산업구조에서 서비스업의 증가는 여성 비정규직 근로자의 증가로 이어졌다. 또한, 시간제 근로의 확산은 가사노동을 하고 남는 시간을 활용하고자 하는 여성 근로자를 크게 증가시켰다.

둘째, 노인 인구의 급격한 증가는 노후소득이 보장되지 않은 상황에서 고령층을 일터로 향하게 했다. 고령자들이 가능한 일자리는 취약근로, 즉 비정규직 일자리뿐이다. 2016년도 서울연구원의 조사에 따르면, 서울시에 사는 만 65세 이상 일하는 노인들 10명 중 8.5명이 경비·청소·가사도우미 등 단순 노무직에 종사하는 것으로 나타났다.

셋째, 청년층의 아르바이트 선호도가 높아지고 있다. 이는 학업 등의 이유로 한시적 취업이나 사전 직업 경험을 위한 것으로 비정규직 규모를 키우는 요인이 되고 있다.

3. 인사노무관리상의 과제

비정규직 근로자의 규모가 날로 증가하고 있는 현실에서도 불구하고, 사업장에서는 비정규직 근로자들에 대한 인식 변화가 없다. 비정규직 근로자들이 단순히 보조적인 업무만 수행하는 주변 인력에 불과하며, 소속감이 낮고 이직률이 높으며 노동생산성도 낮아 조직성과에 크게 도움이 되지 않는다는 인식이다.

그러나 이제는 비정규직 근로자에 대한 인식의 전환이 필요하다. 치열한 글로벌 경쟁환경에서 사업장에서는 인력 누수가 발생한다면 그만큼 불리할 수밖에 없다. 따라서 사업장에서는 비정규직 근로자들도 전략목표 달성에 촉매제 역할을 할 수 있도록 이들에게 동기부여를 하는 등 인사노무관리가 필요하다. 이렇게 비정규직 근로자들이 인사노무관리 대상에서 제외되지 않고, 조직의 성과달성에 알맞은 역할을 하게끔 하는 것이 인사노무관리의 중요한 과제이다.

II. 비정규직 근로자들에게도
동기부여가 필요하다

글로벌 시장에서 중국을 비롯하여 인도, 베트남 등 가격 경쟁력이 높은 기업들의 등장은 우리의 기존 경쟁방법에 근본적인 변화를 요구하고 있다. 우리 사업장들은 더 이상 낮은 임금을 바탕으로 하는 비용경쟁력에 의존해서는 생존할 수 없으며, 창의력을 바탕으로 하는 고부가가치 전략으로 승부해야 한다.

비정규직 근로자들은 핵심업무를 지원·보조하는 역할에서부터 고객접점에서 조직의 가치를 실현하는 역할 등 다양한 업무를 수행하고 있다. 이들이 어떠한 태도와 행동으로 업무를 수행하느냐에 따라 부가가치 높은 제품이나 서비스를 구현할 수도 있고 그렇지 않을 수도 있다. 이것이 시대변화에 맞춰 비정규직 근로자들도 조직의 중요한 구성원으로서 존중을 받아야 하는 이유이다.

"기업조직에서 직원 한 사람의 판단과 행동은 회사의 성과에 심대한 영향을 미칠 수 있다. 아무도 모를 만큼 은밀하게 회사에 큰 손실을 입히기도 한다. 각자의 업무 영역은 아주 복잡해서 프로세스와 징벌 시스템을 정교하게 갖춘다 해도 완벽하게 관리할 수도 없다. 이와 반대로 직원들이 아무도 모르고 지나칠 수 있는 개선 기회를 찾아 회사에 크게 이바지하기도 한다. 경영자가 아무리 작아 보이는 일을 맡은 직원이라도 가볍게 여기지 말고 그들의 마음을 얻어야 하는 이유이다. 이와 유사한 일은 수도 없이 많다. 현장에서 기계를 직접 운전하는 직원들이야말로 개선점에 대해 누구보다 잘 안다. 그들이 입을 열고 그 개선 아이디어를 경영에 접목할 것인지 그저 침묵할 것인지는 경영자에 달려 있다. 경영자가 그들을 진정한 힘의 근원으로 인식하여 존중하는가 아닌가에 달려 있다는 것이다. 직원들을 존중하지 않으면 아무리 회사에 '제안제도'가 있더라도 이익이 되는 아이디어를 내놓지 않을 것이다."[1]

그러나 많은 사업주들이 비정규직 근로자를 여전히 저임금과 장시간 근로 그리고 쉬운 고용조정의 가능 때문에 활용하고 있다. 2014년도 어느 노동조합의 조사에 따르면 사업장에서 비정규직 근로자들에게 가혹한 장시간 노동과 저임금을 강요하며, 정규직 전환 회피, 직장 내 성희롱 등 부조리가 만연한 것으로 나타났다.

이제 사업주들은 비정규직 근로자들을 조직의 중요한 구성원으로 존중할 때 사업장도 경쟁력을 가질 수 있음을 알아야 한다. 존중이란 인간관계의 최고 황금률인 '내가 받고 싶은 대로 상대방에게도 대하는 것'이다. 단지 존중하는 것으로 근로자의 동기부여가 되는 것일까? 그렇다. 옛말에 '인간은 자신을 알아주는 사람을 위해 목숨을 바친다'는 말이 있듯이 헌신과 희생의 그 밑바탕에는 존중이 있는 것이다. 그러면 이렇게 중요한 존중문화를 어떻게 구축할 수 있을까?

첫째, 리더들의 마음가짐을 바꾸어야 한다. 리더가 권력을 행사하려고

---

1 김종수, 『부스터』, 클라우드나인, 2014, p.87/88

하고 군림하려고 하면 조직에서 존중의 문화가 형성되지 않는다. 리더들은 권력의 편리함을 포기하고 솔선수범으로 구성원들을 이끌어야 한다.

둘째, 구성원들을 보는 관점을 바꾸어야 한다. 이제는 구성원을 X 관점이 아니라 Y 관점에서 바라보아야 한다. 즉 구성원들은 관리의 대상이 아니라 회사 발전을 위해 성찰하고 고객에게 부가가치 높은 서비스를 제공하기 위하여 노력하는 사람으로 인식할 필요가 있다.

셋째, 존중문화를 만들기 위해서는 상대방의 입장 이해가 무엇보다 중요하다. 리더들은 자신과 의견이 다르면 무시하기보다 경청을 통하여 서로의 생각을 확인하고 소통하는 노력을 해야 한다. 구성원의 자존심을 상하게 할 만한 언어폭력이나 단점을 들추어서는 안 된다.

존중의 힘은 리더십을 강화시킨다. 사람들이 리더의 권위를 인정하고 리더의 결정을 존중해 따르도록 도와준다. 개인적으로는 자존감을 높여 자아성취가 가능하도록 해준다. 다른 사람으로부터 인정을 받으면 자신감이 생기고 창의력이 고취된다. 매사에 자신이 없던 사람도 용기를 내어 자신의 한계를 극복하고 새로운 목표를 달성할 수 있다.[2]

'대한민국 일하기 좋은 100대 기업' 서비스 부문에서 6년 연속 대상을 수상한 코웨이는 임직원 간 상호 존중하는 문화를 강화하고 수평적이고 창의적인 문화를 확산하기 위해서 직급과 직책에 상관없이 모든 임직원

---

2 데버러 노빌(김순미 역), 『리스펙트』, 위즈덤하우스, 2010, p.41

을 'OOO님'으로 부르고 있다.

또한, 매출 1조 원을 돌파한 광동제약은 자신보다 직급이 낮은 상대에게도 '씨', '님'을 붙여 부르는 등 직원을 존중하며 유연한 기업문화를 가꾸어 임직원들이 자유롭게 논의하는 환경을 만들고 있다.

III. 비정규직 근로자 운영방식의
합리적 모색이 필요하다

1. 열악한 근로조건의 악순환 근절 필요

사업장에서 비정규직 근로자의 근로조건은 어떤 수준일까? 비정규직
근로자의 근로조건을 〈그림 1-2〉에서처럼 정규직 근로자의 데이터를
100으로 놓고 비교해 보면, 비정규직 근로자의 월 평균 임금은 정규직의
53.5%이고, 사회보험 수혜율은 48.9%, 퇴직금 수혜율은 47.8%, 유급휴
가 수혜율은 42.3%인 것으로 조사되었다.[3]

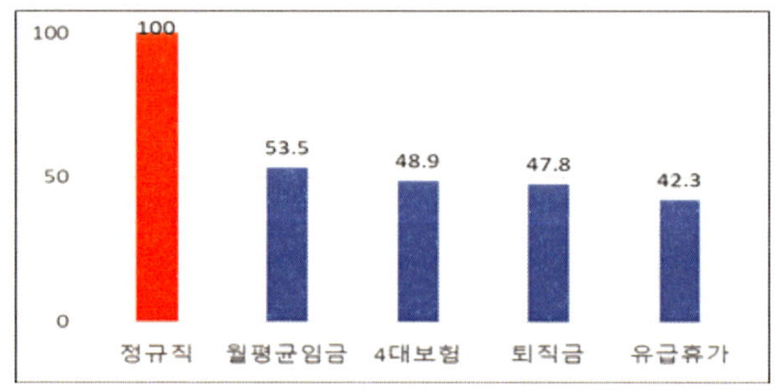

<그림 1-2> 정규직 대비 비정규직 근로조건[4]

이렇게 비정규직들의 근로조건이 열악한 이유는 그들의 채용사유를
보면 알 수 있다. 한 인력채용 사이트가 2015년도 기업 213개 사를 대상

---

3 '2016년 8월 경제활동인구조사 근로 형태별 부가조사 결과' 수치를 활용하여 재계산하였다.

4 아주경제, '기업의 비정규직 채용 이유…인건비 절감과 업무능력 검증', 2015-01-12

으로 '비정규직 고용현황'을 조사한 결과, 사업장에서 비정규직을 고용하고 있는 사유는 인건비를 절감하기 위해서, 전문성을 요하는 업무가 아니라서, 인력수급이 수월해서, 해당 업무 보조인력이 필요해서 등이었다. 즉, 비정규직 근로자는 '인건비를 절감할 목적'으로, '전문성을 요하지 않는 곳에', '보조 인력으로 활용하기 위해서' 채용되니 근로조건이 열악할 수밖에 없다.

결국, 비정규직 근로자는 근로조건 악순환이라는 늪에 빠지게 된다. 즉, '비용절감 등을 목적으로 비정규직 채용 → 근로조건 열악 → 사기 저하 초래 → 노동생산성 악화 → 글로벌 경쟁력 저하 → 임금 정체'라는 악순환이 거듭될 수밖에 없다.

유한킴벌리 사장 등을 지낸 문국현(68) 뉴패러다임 인스티튜트 대표도 근로조건이 열악하고 학습 기회가 거의 없는 비정규직 근로자에게서 얻는 제품과 서비스는 국제경쟁력이 떨어질 수밖에 없다고 지적하고 있다.

기업의 입장에서는 이러한 악순환의 굴레를 끊어야 한다. 그 출발점은 인간 존중 문화의 구축이다. 즉 존중 문화를 구축하게 되면, 비정규직 근로자들은 동기부여 → 생산성 향상 → 임금상승 여력 확보로 이어져 근로조건 악순환의 늪에서 빠져나올 수 있게 된다. 이는 글로벌 경쟁력 확보로 연결되어, 비정규직 근로자들에게는 근로조건 개선의 선순환 체계가 구축된다.

2. 성과주의에 대한 반성

사업장은 전략목표를 달성하고 성과향상을 위해 존재한다. 20세기 경영학 최고의 구루인 피터 드러커는 이를 "천사 같은 CEO가 부임해 오더라도 성과를 강조하지 않을 수 없다"고 말했다. 왜냐하면, 어떤 기업도 성과 없이는 기업 활동을 할 수 없기 때문이다.

그런데 문제는 지나친 성과주의이다. 성과주의의 폐해를 지적한 후지쓰 직원 조 시게유키는 '후지쓰 성과주의 리포트'를 통해서 조직에서 성과주의는 구성원 간의 과도한 경쟁을 부추기고 단기 성과주의를 강조하여 직원들 사이에 불만, 질투, 이직률 급상승 그리고 매출 저조 등의 결과를 초래하게 한다고 지적했다.

이러한 성과주의 폐해 사례는 멀리 일본으로까지 갈 필요가 없다. 문재인 정부가 들어서자마자 공공기관의 성과주의 제도를 폐지한 것도 조시게유키가 지적한 폐단과 맥을 같이 한다. 그렇다면 우리나라 많은 사업장들의 성과주의 도입 실태는 어떨까?

첫째, 많은 사업장에서 글로벌 기업들이 하니까, 그대로 벤치마킹하면 글로벌 기업처럼 되는 것으로 생각했다. 하지만 성과주의의 운영방법은 단순하지 않다. 사업장의 경영전략이나 업무 성격 또는 조직문화에 따라 달리 운영해야 한다.

둘째, 사업장에서 성과주의의 성공적 운영 여부는 개인 간의 차등 폭으로 판단했다. 즉 차등 폭이 클수록 성공적이라고 생각했다. 하지만 개인 간 차등의 확대는 개인의 목표달성 의욕은 자극할 수 있지만, 팀과 조직의 목표는 등한히 할 수 있어 집단지성의 약화를 초래할 우려가 있다.

셋째, 지나친 단기 성과에 초점을 두고 있다. 성과주의의 핵심사항은 성과에 따라 보상을 하는 것이므로, 단기 지표만을 중요시하여 한탕주의식 투자가 일어나고, 위험을 무릅쓴 도전은 회피하는 현상이 일어난다. 그리고 인재양성이나 미래를 위한 투자 등 장기적 관점에서의 성장기반 마련 등은 고려하지 않는다. 그렇다면 조직에서 성과주의의 인사관리는 필요 없는 것일까? 그렇지 않다. 조직에서 성과주의 인사관리는 반드시 필요하다. 성과주의는 직원들이 산출한 성과를 공정하게 평가하여 그 결과에 따라 보상, 승진 등 처우에 반영하는 것으로, 기존의 연공서열이나 학력, 조직 파벌 등 불합리한 인사 관행을 대체할 수 있는 대안이기 때문이다.

다만, 성과주의를 어떻게 구현하느냐가 문제인 것이다. 즉 지나친 성과주의를 강조하여 집단지성을 말살하는 폐단은 없애야 한다. 그렇다면, 답은 따뜻한 성과주의이다. 즉, 매우 우수한 성과를 내는 직원과 아주 열등한 성과를 내는 직원에게는 그에 상응하는 보상을 주지만, 대다수의 직원들에게는 차별 없이 유사한 수준의 보상을 지급하는 것이다.

3. 비정규직 근로자의 신분전환에 대한 장기적이고 종합적인 관리 필요

2014년 OECD 통계에 따르면, 우리나라는 칠레, 폴란드, 스페인 등과 같이 전체 근로자 대비 비정규직 근로자를 많이 사용하는 국가로 상위

권에 분류된다. 그러나 우리나라 비정규직의 정규직 전환 비율은 〈그림 1-3〉에서 보는 바와 같이 회원국 평균에 절반도 안 되는 수준이다.

OECD 국가에서는 비정규직 근로자가 정규직 근로자로 가는 '디딤돌' 이지만 우리나라에서는 '걸림돌'이 되고 있다. 즉, 우리나라에서는 비정규직 근로자들에 대한 신분전환과 연계된 효과적인 인사노무관리 전략이 부재한 것이다.

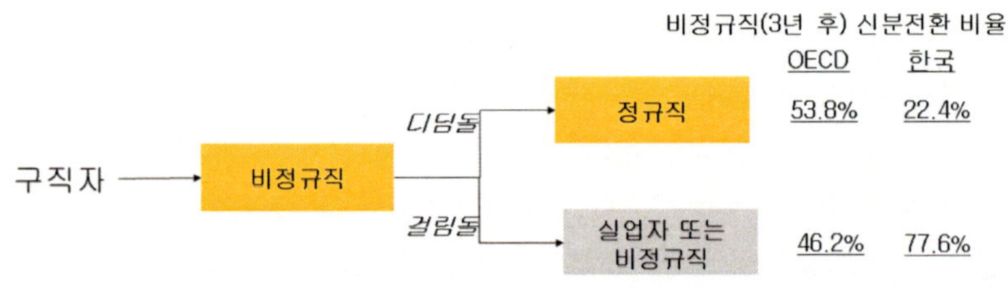

<그림 1-3> 비정규직 근로자의 정규직 전환 비율 국제적 비교

그러나 비정규직 근로자를 정규직 근로자로 전환했더니 조직성과에 긍정적인 영향을 미치고 이는 재무적 성과로 이어진다는 연구결과도 있다. 그렇다면 사업장에서는 비정규직 근로자를 정규직 또는 무기직 근로자로 전환하는 '디딤돌'로서 전략적으로 활용할 필요가 있다.

비정규직 근로자의 정규직으로의 전환은 종사상의 지위를 변화시키는 것으로 해당 근로자에게 고용안정을 제공해 내적 만족을 경험하게 하고 또한 보상 수준의 상승으로 인하여 외적 만족을 인식하게 한다. 이러한 만족 수준의 향상은 결과적으로 근로자들이 조직에 더욱 기여하려는 태도를 보이게 하고 이는 조직성과에 긍정적으로 작용하게 되는 것이다. 그 결과 비정규직의 정규직 전환은 단기적으로 기업의 재무적 성과에 긍정적인 영향을 미치는 것으로 나타났다.[5]

인사노무관리 측면에서 비정규직 근로자의 정규직 근로자로의 신분전환이 가능할 때, 사업장은 비정규직 근로자를 위한 체계적인 따뜻한 인사노무관리 제도의 운영이 가능하다. 예를 들면, 엄정한 채용이나 코칭 중심의 성과관리 또는 OJT를 통한 잠재역량 향상 등은 비정규직 근로자들의 신분전환이 가능할 때 그 효과가 최대화될 수 있다. 따라서 사업장에서는 비정규직 근로자의 신분전환에 대해 장기적이고 종합적인 관리가 필요하다.

---

5 노세리, 김미희, '비정규직의 정규직 전환이 기업 성과에 미치는 영향: 잠재성장모형의 적용', 2016

IV. 따뜻한 인사노무관리 제도의 운영이 필요하다

인사노무관리는 사업장에는 조직목표와 성과향상을 달성하게 하고, 구성원에게는 역량을 향상시키고 행복을 부여한다. 이렇게 성과를 향상시키고, 행복을 추구한다는 것은 정규직 근로자든 비정규직 근로자든 동일한 권리이다.

행복한 비정규직 근로자 모형은 〈그림 1-4〉에서 보는 것처럼 존중의 조직문화를 기반으로 한다. 즉 비정규직 근로자가 존중을 받게 되면, 조직에 대한 몰입이 증가하게 되고, 이는 성과향상으로 이어져 좋은 평가와 보상을 받게 된다. 또한, 교육훈련을 통하여 역량이 향상되면 무기계약직 또는 정규직으로 신분이 전환되고 또한 대우 수준 향상으로 삶의 질이 개선되어 행복이 증가한다.

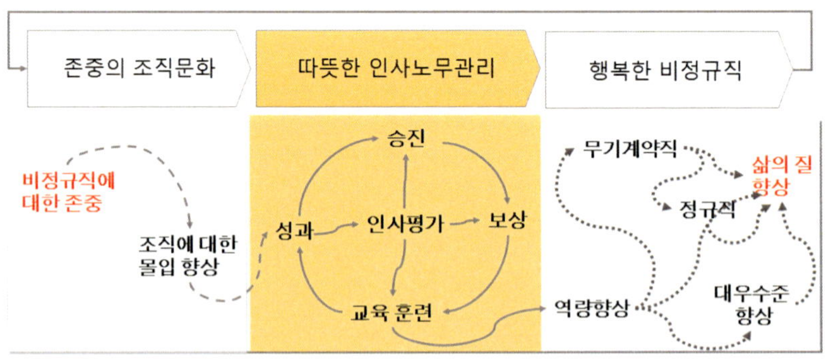

<그림 1-4> 행복한 비정규직 근로자 모형

기업의 진정한 경쟁력은 돈이나 물자 등과 같은 하드웨어에서 나오는 것이 아니고 존중, 행복, 팀워크 같은 소프트웨어 즉, 문화적 요소에서 나온다. 하드웨어적 요소는 언제든지 모방할 수 있지만, 소프트웨어적 요소는 모방이 불가능하고 장기간 지속된다. 이것이 기업이 구성원들을 존중하고, 행복한 비정규직 근로자로 만들어야 하는 이유이다. 그러면 구성원이 행복하면 그것이 조직성과와 연결되는 것일까?

1. 행복한 일터의 경영성과

조직에서 비정규직 근로자들은 대개 고객과의 접점에서 근무하거나 정규직 근로자들을 지원하고 있다. 그래서 비정규직 근로자들은 고객 만족이나 정규직 근로자의 생산성 향상에 중요한 기여를 하게 된다.

그런데 비정규직 근로자들이 존중받지 못하거나 비전이 없다면, 고객에게 성실하고 책임감 있게 대하지 않게 된다. 결국, 회사는 고객을 잃게 되고 생산이나 서비스 활동에 차질을 빚게 된다. 마치 저수지의 조그만 구멍이 나중에는 저수지 전체 붕괴로 이어지는 것과 같은 이치다.

그러나 직원들이 존중받으면서 행복하게 일하는 조직은 재무적 성과도 뛰어나다는 것이 GWP(Great Work Place) 연구소의 연구결과이다. 이에 따르면, 1998년부터 2009년까지 GWP 100대 기업과 100대 상장사 기업의 재무실적, 그리고 S&P500 지수와 러셀 3000 지수의 상승률을 비교한 결과, 〈그림 1-5〉에서 보는 것처럼 GWP 100대 기업이 가장 실적이 높은 것으로 나타났다.

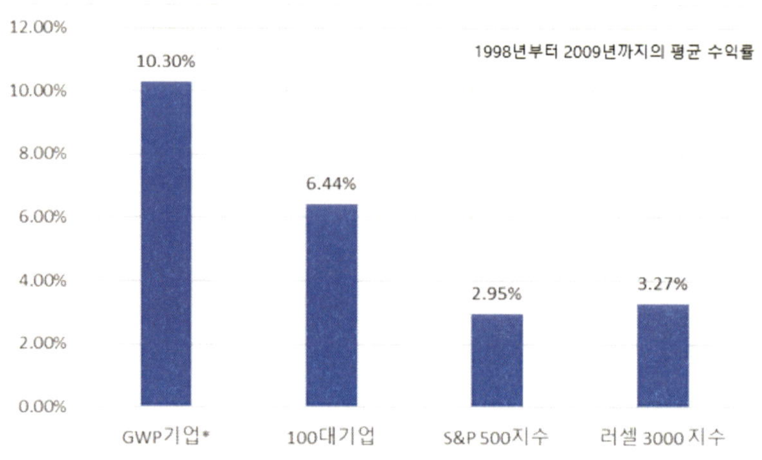

* GWP : Great Work Place(최고의 직장, 행복하게 일하는 직장)

<그림 1-5> 100대 기업의 평균 수익률

결국, 직장에서 존중받고 행복하게 일하게 되면 그것이 수익으로 직결됨을 보여준다. 따라서 고객의 접점에서 일하는 비정규직 근로자들에게 행복한 일터는 너무나 중요하다. 이제 비정규직 근로자는 2년이 지나면 교체되는 소모품이 아니라 조직의 경쟁력 향상에 중요한 역할을 수행한다는 점을 인식하고 그에 맞는 인사노무관리 제도의 운영이 필요하다.

2. 따뜻한 인사노무관리 제도 운영방법

인적자원의 중요성은 아무리 강조해도 지나침이 없다. 지식경제시대에 유일한 가치 창조 원천은 돈이나 기계가 아닌 조직 구성원들이다. 경영학계 휴머니스트 제프리 패퍼(Jeffrey Pfeffer) 교수는 "강력한 비즈니스 성과는 직원의 만족, 훈련, 몰입, 참여 및 고객 만족으로부터 나온다"고

인적자원의 중요성을 강조했다.

우리가 비정규직 근로자에게 새삼 주목하는 이유는 그들도 정규직 근로자를 지원하면서 전략목표 달성에 기여할 뿐만 아니라 그들이 고객과의 접점에서 고객들을 상대하고 있다는 점이다. 따라서 이들이 어떠한 태도와 행동으로 업무에 임하느냐에 따라 조직의 성과 향상에 지대한 영향을 미치게 된다.

이러한 사고방식은, 현재 미국 하버드대, 영국 런던 경영대 등 세계 유명 MBA 과정에서 우수한 기업 사례로 다루어지고 있는 인도 IT 서비스 기업 HCL Technology의 비나트 나야르 부회장의 '직원 우선주의' 철학과 일맥상통한다.

그러나 우리 기업들의 비정규직 근로자 활용 실태는 이와는 정반대였다. 사업장에서는 비정규직 근로자를 단순히 인건비가 싸다든지 노동 유연성에 유리하다는 이유로 활용해왔던 것이 사실이다. 이제는 비정규직 근로자들의 역할을 재인식하여, 이들을 효과적인 운영방안을 마련해야 한다.

비정규직 근로자들을 효과적으로 운영하는 방안은 따뜻한 인사노무관리 제도를 도입하는 것이다. 따뜻한 인사노무관리란 구성원 간의 끝없는 경쟁과 도태가 반복되는 '냉혹한 인사노무관리'에 반대되는 개념으로, 구성원들 간의 차별은 최소화하면서 스스로 커가고 또 키워지고 있

다는 자긍심을 느끼면서 성과에 기여하는 것을 의미한다.[6]

이러한 따뜻한 인사노무관리를 구현하기 위해서는, 〈그림 1-6〉에서 보는 바와 같이 사업장에서 적정인력을 엄격하게 채용하여, 코칭 중심으로 성과관리를 하고, 그 결과를 평가하여 보상해주는 한편, 필요역량은 보완할 수 있도록 교육훈련을 지원해 주고, 그럼에도 조직 부적합 인력에 대해서는 지속적인 퇴출 시스템을 운영하는 것이다.

그리하여 실적과 역량이 검증된 비정규직 근로자들은 무기계약직 또는 정규직으로 전환 가능하도록 관리하는 것이다. 결국, 따뜻한 인사노무관리 전략은 근로자와 회사가 모두 Win-Win 하는 전략인 것이다.

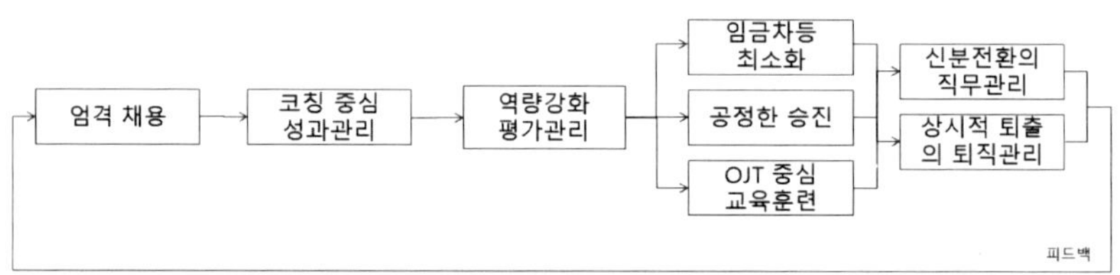

<그림 1-6> 따뜻한 인사노무관리 프로세스

비정규직 근로자들에 대한 따뜻한 인사노무관리 제도를 구현하기 위한 기능별 전략은 다음과 같다.

• 채용관리: '채용은 어렵고, 관리는 쉽게'를 위하여 엄격한 채용절차

---

6 박용만 두산그룹 회장의 '따뜻한 성과주의' 개념을 응용하였다. 따뜻한 성과주의란, '구성원 간의 끝없는 경쟁과 도태가 반복되는 '냉혹한 성과주의'에 반대되는 개념으로 구성원들이 스스로 커가고 또 키워지고 있다는 자긍심을 느끼면서 성과에 기여하는 것'을 의미한다.

운영

- 직무관리: 비정규직 근로자를 장기적 관점에서 꾸준히 무기계약직과 정규직으로 전환
- 성과관리: 주어진 목표달성을 위하여 코칭 중심으로 성과관리
- 평가관리: 역량의 장단점에 대한 피드백으로 개선의 기회 제공
- 임금관리: 비정규직 근로자들의 차등적 보상수준을 최소화하여 운영
- 승진관리: 승진 포인트 제도 등으로 객관적이고 공정하게 운영
- 교육훈련: OJT를 중심으로 현업 및 잠재역량 향상 지원
- 근로시간: 법정 근로시간·휴일·휴가 준수 및 연장근로에 대한 보상
- 퇴직관리: 지속적으로 조직 부적합 인력에게 새로운 기회 제공

3. 성공적 운영 요건

<u>제도나 시스템의 설계단계에서부터 구성원들의 참여 추진</u>

아무리 천의무봉의 제도나 시스템을 구축했다고 하더라도 구성원들의 실행이 뒷받침되지 않는다면 '빛 좋은 개살구'에 불과하다. 필요한 제도나 시스템을 구축하는 것과 그 실행력은 별개이다. 실행력을 강화하는 방법은 제도 설계에 구성원들을 직접 참여시키는 것이다.

따라서 무기계약직을 포함한 비정규직 근로자들의 성과관리제도나 평가제도 또는 교육훈련제도를 설계할 때는 비정규직 근로자를 참여시키거나 아니면 설계된 내용을 그들에게 충분히 설명하고 피드백을 받도록 해야 한다. 그래야 구성원들이 제도를 신뢰하고 그에 합당한 행동을 하기 위하여 더욱 분발하게 된다.

하지만 모든 기업이 이렇게 조직 구성원들에게 친절히 설명하거나 제도 구축에 직원들을 참여시키는 것은 아니다. 특히 중소기업에서는 이러한 절차에 취약하다. 중소기업에서는 인사노무 전문가가 부족하고, 담당자라고 하더라도 총무나 경영관리 등 다양한 업무와 함께 수행하기 때문에 몰입도가 떨어진다. 또한, 사업주의 선호에 따라 인사노무관리 원칙이나 방침이 하루아침에 바뀌기도 한다.

따라서 따뜻한 인사노무관리 제도를 성공적으로 운영하기 위해서는 그 내용을 직원들에게 충분히 설명하고 비정규직 근로자들의 의견을 반영하여 투명하게 운영할 필요가 있다. 그래야 조직과 제도를 믿고 자신의 업무에 매진하게 되고 주어진 역할과 책임에 최선을 다하게 된다.

공정하고 투명한 인사노무 제도 운영

공정성이란 내 편, 네 편에 따라 평가가 달라지는 것이 아니고 업무 내용이나 성과 등을 정확히 평가하여 그에 따라 대우하는 것이다. 즉, 정규직 근로자라고 유리한 처우를 한다든지 또는 같은 대학을 나왔다고 잘 평가해 주거나, 반대로 비정규직 근로자라고 차별하거나 평가와 무관하게 모두에게 똑같이 대우하는 것은 불공정을 일으킨다. 따뜻한 인사노무관리가 실행되기 위해서는 정규직 근로자와의 불합리한 차별을 없애는 것도 중요하지만 비정규직 근로자 간에도 공정한 인사 관행을 정착시켜야 한다. 예를 들면 조직 기여도가 높고 역량 있는 비정규직 근로자가 높은 인사평가를 받아 승진이나 신분전환의 혜택을 받도록 해야 한다.

이러한 관행이 정착되려면 사업주의 일시적인 선호도에 따라 의사결정이 이루어져서는 안 된다. 특히 중소기업의 경우, 사업주가 정해진 규정이나 원칙을 먼저 지켜야만 공정하고 투명한 인사노무 제도가 자리 잡을 수 있다.

최고 경영층의 지속적인 관심과 격려

사업장에서 인사노무관리 제도의 활성화는 사업주의 관심에 비례한다. 사업주가 비정규직 근로자에게 관심을 가지게 되면, 비정규직 근로자들은 조직에서 자신의 역할이 중요하다는 것을 인식하게 되어 더욱 책임감을 가지고 열정적으로 일하게 되고, 제도를 담당하는 인사노무 담당자에게도 동기부여가 되어 제도의 발전을 위해 더욱 노력하게 된다.

만약 조직에서 사업주가 비정규직 근로자에 대해서 관심이 적고 보조 인력에 불과하다는 인식을 가지고 있으면, 그 조직은 비정규직 근로자에 대한 관리 소홀과 부정적인 인식이 팽배하게 된다. 그러면 비정규직 근로자의 업무 열의가 저하되고 조직 헌신도 떨어지게 된다. 이는 사업장에서 비정규직 근로자에게 대한 부정적 사고가 다시 강화되는 악순환을 형성한다.

따라서 따뜻한 인사노무관리제도가 성공하려면 사업주의 관심과 지원이 무엇보다 중요하다. 사업주는 비정규직 근로자의 채용이나 평가에 참여한다든지, 정기적인 간담회를 개최하여 소통을 활성화하는 등 지속적인 관심을 가져야 한다.

바닥에서 CEO로, 미국판 '알바 신화'[7]

월마트 새 수장 '더그 맥밀런'

이 사람. 32년 전 월마트의 시간제 아르바이트생이었다. 1991년 월마트에 공식 입사했는데, 이때 직책도 '보조직'에 불과했다. 2014년 2월 월마트의 새로운 CEO에 오르는 더그 맥밀런. 그가 미국판 '알바 신화'를 쓰고 있다.

'유통 공룡' 월마트의 선장이 곧 바뀐다. 내년 홀리데이 시즌이 끝난 직후다. 더그 맥밀런(47). 그가 바로 27개국 1만 1,000여 개 매장을 지휘해야 하는 월마트의 최고경영자(CEO)다. 창업자인 샘 월턴에 이어 월마트 51년 역사상 두 번째로 젊은 CEO다.

맥밀런이 월마트와 인연을 맺은 건 '아르바이트' 때문이었다. 아칸소대학 입학을 앞둔 18세 때 월마트의 하계 일자리 체험 프로그램에 참여했던 게 계기가 됐다. 1991년 오클라호마 주에 있는 월마트 유통센터에 보조직(스포츠 용품 구매 부문)으로 입사한 그는 식품·의류 부문을 두루 거치면서 핵심인재로 성장했다. 2006~2009년 월마트 계열의 샘스 클럽에서 CEO를 지냈고, 현재는 전 세계 26개국 6,000여 개의 점포를 관리하는 해외사업부 CEO직을 수행하고 있다.

밑바닥부터 치고 올라온 뼛속까지 '월마트맨'이라는 얘기다. 월마트 이사회 회장인 S. 롭슨 월튼은 "맥밀런은 월마트 사업 부문 전반적으로 성공적인 리더십을 보여주며 경제, 사회, 기술적인 트렌드를 읽어낸 폭넓은 경험을 가진 리더"라고 기대감을 내비쳤다.

맥밀런은 샘 월튼의 총애를 받은 것으로 알려졌다. 일개 보조직이었던 맥밀런과 샘 역시 '특별한 계기'로 묶였다.

---

[7] 김은경, 노컷뉴스, 2013-12-10

맥밀런이 월마트에 정식 입사한 1991년. 맥밀런이 일하던 월마트 유통센터를 찾은 샘은 그에게 다음과 같은 내용의 '포스트 잇'을 전달했다.

"… K마트 낚싯줄 가격이 월마트보다 더 저렴하다…" 맥밀런은 샘이 원하는 걸 금세 이해했고, 샘스 클럽 CEO에 올랐을 때 'Everyday low prices(매일 더 저렴해지는 가격)'를 모토로 삼았다. 그 결과, 월마트는 전체 매출의 29%를 해외시장에서 기록하는 성과를 보였다. 맥밀런이 샘의 사랑을 듬뿍 받은 이유가 여기에 있다.

미국 유통전문가들은 맥밀런이 CEO에 오른 걸 '놀라운 일'로 받아들이지 않는다. '예상보다 빠를 뿐 오를 사람이 올랐다'는 반응이 많다. 시장조사업체 CGP의 크레이그 존슨 사장은 "우리가 궁금한 것은 누가 될지가 아니라 언제 될지다"고 말했다. 이는 맥밀런이 '준비된 CEO'였다는 얘기인데, 반대로 해석하면 월마트가 어려운 지경이라는 얘기가 된다.

실제로 월마트의 연 매출 증가율은 2012년 이후 내림세를 면치 못하고 있다. 블룸버그 통신에 따르면 2012년 5.59%에서 2013년 2.22%, 2014년 1.90%로 하락할 전망이다. 월마트가 맥밀런을 '구원투수'로 등판시켰다는 얘기다.

하지만 맥밀런이 넘어야 할 산은 높고 가파르다. 무엇보다 미국의 대형유통채널은 극심한 소비 침체로 어려움을 겪고 있다. 아마존 등 온라인 쇼핑몰의 저가 공세는 이전보다 더 거세다. 쇼셜네트워크서비스(SNS)를 활용한 유통 역시 활기를 띠고 있다.

전문가들은 맥밀런이 가시밭 가득한 '미국 시장'보단 해외에서 돌파구를 찾을 것으로 내다보고 있다. 벨루스 투자자문의 브라이언 소치 CEO는 "월마트는 해외부문에서 성장엔진을 돌려야 한다"며 "해외사업의 핵심인물인 맥밀런의 승진은 자연스러운 일"이라고 평가했다. 익명을 원한 미 유통업체 관계자는 "맥밀런이 중국 등 해외신흥시장 개척에 힘을 쏟을 것"이라고 분석했다. 미국판 '샐러리맨의 신화' 맥밀런. 그의 도전은 지금부터다.

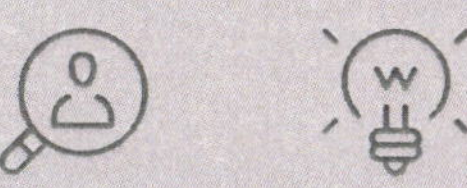

제2장

비정규직 근로자의 보호와 차별 금지

모두 함께

– 김위향

풀밭에는 철쭉, 장미, 목련만 있는 게 아니야.
씀바귀, 민들레도 피고
애기똥풀도 노란 얼굴을 쏘옥 내밀고.

풀밭에는 나비, 벌만 놀러 오는 게 아니야.
바람이 살그머니 지나가고
개미들도 소풍 나오고
하루살이 빙글빙글 춤을 추고.

우리 동네에는
우리 집만 있는 게 아니야.
석이네, 봄이네, 희연이네,
세탁소, 미장원, 문구점, 방앗간,
자전거 수리점도 있고.

우리 동네에는
사람 사는 집만 있는 게 아니야.
까치 집, 개미 집, 다람쥐 집.
새들이 쫑알쫑알, 고양이가 살금살금
모두 모여서 함께 사는 거야.

I. 비정규직 근로자의 개념

비정규직 근로자의 증가는 세계적인 추세이다. 글로벌 경쟁이 심하면 심할수록 기업들은 비정규직 근로자들의 채용을 증가시키고 있다. 비정규직 근로자는 세계적인 현상임에도 비정규직 근로자를 정의하는 통일된 국제적인 개념은 없다. 그만큼 비정규직 근로자들의 고용형태가 다양하다는 의미이다.

우리나라만 하더라도 비정규직 근로자들이 단기계약직, 임시직, 일용직, 시간제 근로(파트타임), 파견근로, 인턴사원, 촉탁직, 호출근로, 독립도급, 용역근로, 가내근로 등 다양한 형태로 존재한다. 그래서 2002년 5월에 노·사·정 합의로 비정규직 근로자의 개념을 '1차적으로 고용형태에 의해 정의되는 것으로 ① 한시적 근로자 또는 기간제 근로자, ② 단시간 근로자, ③ 파견·용역·호출 등의 형태로 종사하는 근로자를 대상으로 한다'로 정의하고 있다.

1. 기간제 근로자

기간제 근로자는 근로기간이 정해져 있는 근로자를 말하며, 여기에는 계약직, 촉탁직 등 명칭과 관계없이 근로계약 기간을 가진 모든 근로자들을 포함한다. 사업주는 2년을 초과하지 아니하는 범위 안에서 기간제 근로자를 사용할 수 있다.

그러나 사업주가 2년을 초과하여 기간제 근로자를 사용하게 되면, 원칙적으로 그 기간제 근로자는 무기계약직 또는 정규직 근로자로 본다. 그리고 사업장에 정규직 근로자를 채용하려고 하는 경우에는 당해 사업장의 기간제 근로자를 우선적으로 고용하도록 노력하여야 한다.

2. 단시간 근로자

단시간 근로자는 1주일 동안의 근로 시간이 정규직 근로자의 1주일 동안의 근로 시간보다 짧은 근로자를 말한다. 여기에는 아르바이트, 파트타임 등 시간제 형태의 근로를 하는 근로자들을 모두 포함한다.

사업주는 가사, 학업 그 밖의 이유로 근로자가 단시간 근로를 신청하는 때에는 당해 근로자를 단시간 근로자로 전환하도록 노력하여야 한다. 향후 4차 산업혁명의 영향으로 사업장에 구속받지 않는 시간제 근로자들이 많이 늘어날 전망이다.

3. 파견근로자

파견근로자는 파견사업주가 고용한 근로자로서 그 고용관계를 유지하면서, 사용사업주의 지휘와 명령을 받으면서 근로에 종사하는 자를 말한다. 그래서 파견근로자는 파견사업주의 근로자이지 사용사업주의 근로자가 아니다. 사용사업주의 남용을 막기 위해서 현행법에서 파견 가능 업무는 〈표 2-1〉처럼 32개만 허용하고 있다.

하지만 사업장에서 출산·질병·부상 등으로 결원이 생긴 경우 또는 일시적·간헐적으로 인력을 확보하여야 할 필요가 있는 경우에는 파견 대상 업무(32개)에 속하지 않더라도 파견 근로자를 사용할 수 있다. 이 경우에도 건설공사현장 업무, 선원, 유해하거나 위험한 업무 등 절대 파견금지 업무에는 파견할 수 없다.

<표 2-1> 파견 대상 업무

1. 컴퓨터관련 전문가의 업무	2. 행정, 경영 및 재정 전문가의 업무	3. 특허 전문가의 업무
4. 기록 보관원, 사서 및 관련 전문가의 업무	5. 번역가 및 통역가의 업무	6. 창작 및 공연예술가의 업무
7. 영화, 연극 및 방송관련 전문가의 업무	8. 컴퓨터관련 준전문가의 업무	9. 기타 전기공학 기술공의 업무
10. 통신 기술공의 업무	11. 제도 기술 종사자, 캐드 포함의 업무	12. 광학 및 전자장비 기술 종사자의 업무
13. 정규교육이외 교육 준전문가의 업무	14. 기타 교육 준전문가의 업무	15. 예술, 연예 및 경기 준전문가의 업무
16. 관리 준전문가의 업무	17. 사무 지원 종사자의 업무	18. 도서, 우편 및 관련 사무 종사자의 업무
19. 수금 및 관련 사무 종사자의 업무	20. 전화교환 및 번호안내 사무 종사자의 업무	21. 고객 관련 사무 종사자의 업무
22. 개인보호 및 관련 종사자의 업무	23. 음식 조리 종사자의 업무	24. 여행안내 종사자의 업무
25. 주유원의 업무	26. 기타 소매업체 판매원의 업무	27. 전화통신 판매 종사자의 업무
28. 자동차 운전 종사자의 업무	29. 건물 청소 종사자의 업무	30. 수위 및 경비원의 업무
31. 주차장 관리원의 업무	32. 배달, 운반 및 검침 관련 종사자의 업무	

4. 기타 용역, 호출 등 특수직 근로자

기타 비정규직 근로자로는 용역근로자, 특수형태근로자, 가정 내 근로자, 일일근로자 등이 있다. 이들은 사용 종속성을 가지고 있지만, 자영업 성격도 가지고 있어서 비정규직 근로자로서의 법적 보호를 받지 못하고 있다.

5. 무기계약직 근로자는 정규직 근로자인가, 비정규직 근로자인가?

사업장에서 2년을 초과하여 근로한 비정규직 근로자는 정규직 근로자로 전환해 주어야 한다. 이때 사업장에서는 정규직 근로자 전환으로 임금 인상 등 비용 증가를 감당하기가 쉽지 않게 되자 비정규직 근로자에게 고용 기간은 정년까지 연장하는 대신, 임금 등 대우수준은 인상하지 않는 방법을 택하게 되었다. 이러한 과정에서 무기계약직 근로자가 생겨 나게 되었다.

따라서 무기계약직 근로자들은 비정규직 근로자와 달리 고용 기간은 정함이 없지만, 정규직 근로자에게 주어지는 승진과 급여 수준, 교육 등 의 혜택에서는 제외되어 있다. 즉 고용 기간에서는 정규직 근로자와 동 일하지만, 임금 등 기타 근로조건에서는 비정규직 근로자와 동일하다. 그러면 이들은 정규직 근로자인가, 비정규직 근로자인가?

기간제법에 의하면 무기계약직 근로자들은 기간제 근로자들의 차별 처우 판단의 기준이 되고 있을 뿐만 아니라 정규직 근로자와의 관계에 서도 더 이상 차별시정 대상자가 아니다. 즉 무기계약직 근로자는 정규

TIPS!!

용어 정의

○ 용역근로자는 용역업체에 고용되어 해당 업체의 지휘 하에 해당 업체와 용역계약 을 맺은 다른 업체에서 근무하는 자를 말하며, 주로 청소용역업체, 경비용역업체 등에 소속되어 근로하게 된다.

○ 특수형태근로 종사자는 주로 모집·판매·배달·운송 등의 업무를 수행하면서 근로제 공의 방법, 근로시간 등은 독자적으로 결정하면서, 고객 확보, 상품이나 서비스 제 공 등 그 성과에 비례하여 소득을 얻는 자를 말한다.

○ 가정 내 근로자는 재택근무, 가내 하청 등과 같이 사업체에서 마련해 준 공동작업 장이 아닌 가정 내에서 이루어지는 작업에 종사하는 자를 말한다.

○ 일일근로자는 근로계약을 정하지 않고, 일거리가 생겼을 경우 며칠 또는 몇 주씩 일 하는 형태의 근로자를 말한다.

직 근로자와 동일하며, 더 이상 법적 보호의 대상이 아니라는 것이다.

그러나 무기계약직 근로자들은 임금 등 욕구 동기 관점, 즉 인사노무관리 관점에서 보면 비정규직 근로자 수준에 머물러 있다. 무기계약직 근로자들은 신분전환에도 불구하고 여전히 차별에 따른 고충을 가지고 있으므로 기대만큼 동기부여가 높지 않다. 2017년 7월에 서울시가 서울 교통공사 등 11개 투자·출연기관에서 일하는 무기계약직 2,442명 전원을 정규직으로 전환하겠다고 발표한 것도 이러한 문제를 해결하기 위해서이다.

결국, 무기계약직 근로자들은 법적 보호 대상은 아니지만, 사업장에서 전략목표를 달성하고 성과향상을 위한 인사노무관리 관점에서는 비정규직 근로자와 동일한 수준으로 관리되어야 한다. 즉 비정규직 근로자의 연장선에서 존중 → 따뜻한 인사노무관리 → 행복한 정규직 근로자가 될 수 있도록 하는 패러다임을 적용해야 한다.

II. 비정규직 근로자의 보호

모든 비정규직 근로자들이 법적 보호를 받고 있는 것은 아니다. 비정규직 근로자를 보호하고 있는 비정규직 보호법에는 '기간제 및 단시간근로자 보호 등에 관한 법률'과 '파견근로자보호 등에 관한 법률'이 있다. 즉 법으로 보호받을 수 있는 비정규직 근로자는 기간제 근로자, 단시간 근로자 및 파견근로자뿐이다. 기타 용역근로자나 호출 등에 종사하고 있는 근로자들은 비정규직 보호법의 보호를 받지 못하고 있다.

예를 들면 경비업체(A 기업)에 고용된 근로자 甲은 A 기업과 용역계약을 맺은 회사(B 기업)에 가서 2년을 초과 근무하더라도 B 기업의 정규직 근로자가 될 수 없다. 그 이유는 근로자 甲은 용역근로자이기 때문이다.

비정규직 보호법에서 비정규직 근로자를 보호하는 내용은 〈그림 2-1〉에서 보는 바와 같이, 비정규직 근로자의 사용기한 제한 및 근로조건 보호이다.

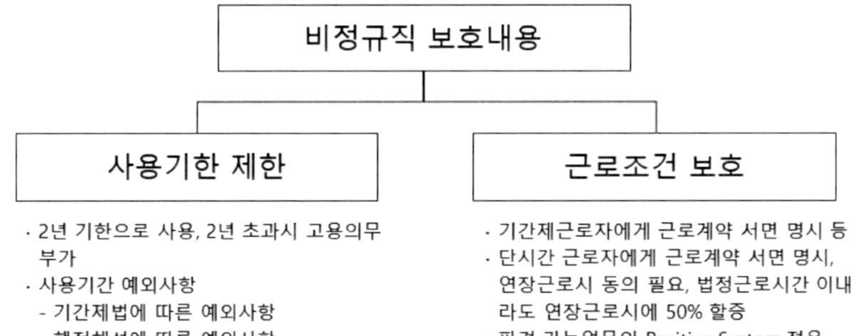

<그림 2-1> 비정규직 보호내용

1. 사용기한 제한

사업장에서는 비정규직 근로자를 2년을 초과하여 장기간 사용하지 못한다. 이는 비정규직 근로자들이 낮은 임금, 열악한 근로조건 등으로 장기간 착취되는 것을 막기 위한 조치이다. 따라서 사용자는 2년을 초과하여 비정규직 근로자를 사용하는 경우에는 정규직이나 무기계약직 근로자로 신분전환을 해야 한다.

이러한 비정규직 근로자의 사용기한 제한에는 두 가지 예외사항이 있다. 하나는 '기간제 및 단시간근로자 보호 등에 관한 법률'에 의한 예외사항이고 다른 하나는 행정해석에 의한 예외사항이다.

기간제법에 의한 예외사항

기간제 근로자의 채용이 프로젝트 완성이라든지, 정규직 근로자의 휴직 대체 등 일부 사유를 위해서 이루어진 경우에는 채용 후 2년이 경과하더라도 정규직 근로자로 전환될 수 없다. 이렇게 기간제 근로자의 사용기한 예외에 해당하는 경우는 다음과 같다.

1. 사업의 완료 또는 특정한 업무의 완성에 필요한 기간을 정한 경우
2. 휴직·파견 등으로 결원이 발생하여 당해 근로자가 복귀할 때까지 그 업무를 대신 할 필요가 있는 경우
3. 근로자가 학업, 직업 훈련 등을 이수함에 따라 그 이수에 필요한 기간을 정한 경우
4. '고령자고용촉진법' 제2조 제1호의 고령자와 근로계약을 체결하는 경우

5. 전문적 지식·기술의 활용이 필요한 경우와 정부의 복지정책·실업대
   책 등에 따라 일자리를 제공하는 경우로서 대통령령이 정하는 경우
6. 그 밖에 제1호 내지 제5호에 준하는 합리적인 사유가 있는 경우로
   서 대통령령이 정하는 경우

사업장에서 이러한 예외 사례에는 비서와 운전기사가 있다. 임원들의 비서와 운전기사를 기간제 근로자로 많이 채용한다. 이때 해당 임원이 3년의 임기가 종료되어 재위촉이 되지 않는 경우, 그 임원과 함께 비서와 운전기사도 근로계약이 종료된다. 이들은 비록 2년 초과 근무하였지만, 임원의 임기종료를 '특정한 업무의 완성'으로 보아 정규직 근로자로 전환됨 없이 근로계약이 종료되는 것이다.

행정해석에 의한 예외사항

회사는 파견근로자를 2년 초과 사용하는 경우에는 그 근로자를 직접 고용해야 한다. 그런데 이때 파견근로자 신분을 기간제 근로자로 전환하여 정규직으로 전환 없이 다시 2년으로 고용할 수 있을까?

행정해석은 가능하다는 것이다(비정규직대책팀-2424, 2007.6.26.). 파견법에서는 사용사업주에게 직접 고용의무만 부과하고 있을 뿐 고용형태에 대해서는 달리 규정하고 있지 아니하므로 노사 당사자 간의 합의로 기간제 근로계약을 맺을 수도 있을 것으로 보고 있다.

2. 근로조건 보호

<u>기간제 근로자</u>

기간제 근로자의 근로조건은 장기근속을 전제로 하는 것을 제외하고는 정규직 근로자와 동일하게 보장되어야 한다. 임금제도, 근로시간, 휴게·휴일·휴가 등 다음 사항에 대해서 근로계약서에 명시하여 근로자에게 교부하여야 한다.

1. 근로계약 기간에 관한 사항
2. 근로시간·휴게에 관한 사항
3. 임금의 구성항목·계산방법 및 지불 방법에 관한 사항
4. 휴일·휴가에 관한 사항
5. 취업의 장소와 종사하여야 할 업무에 관한 사항

따라서 임금인상 대상에서 기간제 근로자를 제외한다든지, 야간근로나 휴일근로를 기간제 근로자에게만 시킨다든지 해서는 안 된다. 또한, 교육 훈련의 경우에도 장기 근속를 전제하는 역량향상 교육 등은 제외하고, 현재 직무수행능력 향상을 위한 교육훈련에서 기간제 근로자를 차별해서는 안 된다.

사용자는 기간제 근로자에게 근로조건을 서면으로 명시하지 않으면 500만 원 이하의 과태료에 처하게 된다. 기간제 근로자는 차별적 처우를 받은 경우, 노동위원회에 그 시정을 신청할 수 있으며, 이를 이유로 근로자에게 불이익 처분을 하는 경우에 사업주는 2년 이하의 징역 또는 1천만 원 이하의 벌금을 받게 된다.

<u>단시간 근로자</u>

단시간 근로자의 근로조건은 원칙적으로 통상근로자의 소정근로시간에 비례하여 보장하여야 한다. 단시간 근로자에게 부여되는 주휴일이나 연차휴가 등은 이러한 기준에 의해 다음과 같이 계산하여 지급되어야 한다.

$$\text{통상근로자의 연차휴가일 수} \times \frac{\text{단시간근로자의 소정근로시간}}{\text{통상 근로자의 소정근로시간}} \times 8\text{시간}$$

※ 1시간 미만은 1시간으로 본다.

이러한 근로조건에 대해서는 근로계약서에 명시하여 근로자에게 교부하여야 한다. 단시간 근로자에게 서면으로 명시해야 할 근로조건은 기간제 근로자와 같으며, 여기에 근로일과 근로일별 근로시간이 추가된다.

한편, 단시간 근로자의 경우 근로자 필요(학업, 가사 등)에 의해 단시간 근로를 선택하는 경우가 많으므로, 현행법에서는 단시간 근로자의 근로시간에 대해 특별히 보호하고 있다. 즉 초과근로에 대한 근로자의 동의 또는 거부가 가능하고, 1주간에 12시간을 초과하여 근로하게 할 수 없으며, 법정 근로시간 내의 초과근로에도 50% 가산 임금을 지급해야 한다.

단시간 근로자가 사용자의 부당한 초과근로 지시에 거부한 경우 사용자는 불이익 처분을 하지 못하며, 이를 위반하여 불이익 처분을 하는 경우에는 2년 이하의 징역 또는 1천만 원 이하의 벌금에 처하게 된다.

<u>파견근로자</u>

파견근로자는 당해 사업장의 근로자가 아니고 파견업체의 근로자이다. 상시근로자 수를 계산하거나 각종 근로자 현황에서 파견근로자는 사업장의 근로자로 계산되지 않는다. 이 점이 파견근로자가 기간제 근로자 또는 단시간 근로자와 다르다. 파견근로자의 이러한 특성으로 인해 사업장에서 자칫 동일한 근무를 하면서도 차별을 쉽게 용인할 우려가 있다.

파견사업주와 사용사업주는 파견근로자를 보호하기 위한 의무사항을 이행해야 한다. 파견사업주는 파견근로자의 희망과 능력에 적합한 취업 및 교육훈련기회의 확보, 근로조건의 향상 및 기타 고용안정 등 복지증진에 노력하여야 한다. 파견사업주는 근로자 파견을 하고자 할 때는 미리 당해 파견근로자에게 다음의 취업조건을 서면으로 알려주어야 한다.

1. 파견근로자의 수
2. 파견근로자가 종사할 업무의 내용
3. 파견사유
4. 파견근로자가 파견되어 근로할 사업장의 명칭 및 소재지 기타 파견근로자의 근로 장소
5. 파견근로 중인 파견근로자를 직접 지휘·명령할 자에 관한 사항
6. 근로자 파견 기간 및 파견근로 개시일에 관한 사항
7. 시업 및 종업의 시각과 휴게시간에 관한 사항
8. 휴일·휴가에 관한 사항
9. 연장·야간·휴일근로에 관한 사항
10. 안전 및 보건에 관한 사항
11. 근로자파견의 대가
12. 기타 고용노동부령이 정하는 사항

사용사업주는 파견근로자를 사용함에 있어서, 임금, 정기상여금, 명절 상여금 등 정기적으로 지급되는 상여금, 경영성과에 따른 성과금, 그 밖에 근로조건 및 복리후생 등에 관한 사항을 동종 또는 유사한 업무를 수행하는 근로자에 비하여 파견근로자에게 차별적 처우를 하여서는 아니 된다. 또한, 사용사업주는 파견근로자로부터 파견근로에 관한 고충의 제시가 있는 경우에는 그 고충의 내용을 파견사업주에게 통지하고 신속·적절하게 고충을 처리하도록 하여야 한다.

사용사업주는 파견근로자를 2년을 초과하여 사용하거나, 불법파견(파견대상 업무 위반, 무허가 파견 등)을 하는 경우에는 직접고용을 해야 한다. 이때 사용사업주가 직접 고용하지 아니하면 3천만 원 이하의 과태료에 처하고, 그리고 파견사업주가 파견근로자에게 취업조건을 서면으로 알리지 아니하는 경우에는 1천만 원 이하의 과태료가 부과된다.

Ⅲ. 비정규직 근로자의 차별 금지

비정규직 보호법의 목적은 다양한 인력의 원활한 활용과 더불어 비정규직 근로자에 대한 차별금지이다. 이때 차별이라 함은 임금 등 그 밖의 근로조건에 대해서 합리적인 이유 없이 비정규직 근로자에게 불리하게 처우하는 것을 말한다. 일반적으로 차별적 처우 진단 단계는 〈그림 2-2〉와 같이 비교 대상 근로자 존재 여부 → 차별 존재 여부 → 차별에 합리성 존재 여부 등 3단계로 진행된다.

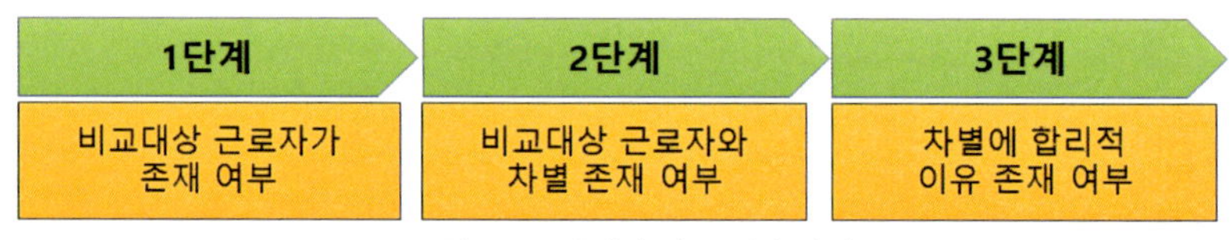

〈그림 2-2〉 차별적 처우 진단 단계

1. 비교 대상 근로자가 존재하는가?

비정규직 근로자에 대한 차별적 처우를 판단하는 비교 대상은 당해 사업 또는 사업장에서 동종 또는 유사한 업무에 종사하는 정규직 근로자이다. 기간제 근로자에게는 무기계약직 근로자, 단시간 근로자에게는 통상근로자, 파견근로자에게는 사용사업주가 직접 고용한 근로자가 비교 대상 근로자가 된다.

동종·유사업무 판단에 대해, 대법원 판례에 따르면 취업규칙이나 근로계약 등에 명시된 업무 내용이 아니라 근로자가 실제 수행하여 온 업무를 기준으로 판단한다. 이들이 수행하는 업무가 서로 완전히 일치하지 않고 업무의 범위 또는 책임과 권한 등에서 다소 차이가 있다고 하더라도 주된 업무의 내용에 본질적인 차이가 없다면, 특별한 사정이 없는 이상 이들은 동종 또는 유사한 업무에 종사한다고 보고 있다.

한편 비정규직 근로자와 비교 대상이 다수 존재하는 경우, 판례 입장은 가장 낮은 근로조건을 가진 정규직이라고 판시하고 있다. 비교 대상 정규직 근로자를 선정할 때는 상호대체 가능성, 경력 연수, 직무 성격이나 가치의 유사성 등을 종합적으로 판단해야 한다.

2. 비교 대상 근로자와 차별이 존재하는가?

차별적 처우의 대상이 되는 근로조건은, 임금, 정기상여금, 명절상여금 등 정기적으로 지급되는 상여금, 경영성과에 따른 성과금, 그 밖에 근로조건 및 복리후생 등에 관한 사항을 말한다.

비정규직 근로자들에 대한 차별사례는 〈그림 2-3〉에서처럼 비일비재하지만 대표적인 경우가 임금과 근로시간 등의 차별이다. 즉, 업무와 무관하게 시혜적으로 지급하는 사내복지기금이나 학자금 등 복리후생성 급여 지급 대상에서 비정규직 근로자를 제외하는 것이다. 또한 비정규직 근로자에게만 연장근로나 야간근로 또는 휴일근로를 시키는 경우 등이다.

승진 등 차별	• 비정규직 근로자에게 승진 기회를 부여하지 않음 • 승진 규정을 무시하고 편의대로 승진자 결정 • 비정규직 근로자에게만 단순업무 부여 하거나 배치이동시 협의나 동의 절차를 무시함

임금 및 복리후생 차별	• 비정규직 근로자에게만 낮은 임금 지급
	• 법정수당이나 연차휴가수당 지급 시 비정규직 근로자에게 차등 기준 적용
	  * 개인별 능력, 경력, 생산성 등에 따른 차별은 가능
	• 정규직에게만 사내근로복지기금, 학자금, 의료비 등 복리후생 적용
	  * 장기고용 및 계속근로를 전제로 지급하는 임금(장기근속수당 등)에서 기간제 배제는 가능한 것으로 봄

근로시간, 휴일휴가차별	• 비정규직에게만 연장근로·야간근로·휴일근로를 시키는 경우 • 정규직에만 유급휴일을 부여/휴일근로수당 지급하거나 휴가 등을 차등부여하는 경우

<그림 2-3> 차별 해당 사항

3. 차별에 합리적 이유가 있는가?

비정규직 근로자에 대한 차별에는 합리적인 이유가 있어야 한다. 즉 비정규직 근로자의 근로 조건의 차별이 학연이나 지연, 혈연 등에 따른 차별이 아니라 자신의 업무 성격이나 역량과 성과 중심의 차별이어야 한다. 비정규직 근로자는 차별시정 신청을 하는 때에는 차별적 처우의 내용을 구체적으로 명시하여야 하지만, 차별처우의 증명 책임은 사용자가 부담한다.

비정규직 근로자에 대한 차별의 합리적 이유에 대해서 고용노동부에서 제시한 구체적인 사례[8]는 다음과 같다.

① 기간제 근로라는 고용형태, 즉 단기고용이라는 특성에 따른 임금 및 근로조건 등에서의 차이는 합리적 이유가 있는 것으로 본다. 또한, 장기고용 및 계속근로를 전제로 지급하는 임금 및 근로조건, 예컨대 장기근속수당, 장기근속 퇴직자에 대한 공로 보상적 특별지급 금품 등에서 기간제 근로자를 배제하는 것은 합리적 이유가 있는 것으로 볼 수 있을 것이다.

② 단시간 근로자의 근로조건은 그 사업(장)의 동종 또는 유사한 업무에 종사하는 통상근로자의 근로시간을 기준으로 산정한 비율에 따라 결정되는, 이른바 시간 비례의 원칙이 적용된다(근로기준법 제18조 제1항). 따라서 임금 및 분할 가능한 근로조건을 시간 비례에 따라 적용하는 경우 합리적인 이유가 인정될 것이다.

③ 사용자가 불리한 처우를 정당화하는 합리적 이유로서 채용 조건·기준(경력 및 자격증 등의 요건)이 다름을 주장하는 경우, 채용 조건·기준이 당해 사업장의 임금 결정 요소라면 이 범위 내에서 불리한 처우는 정당화될 수 있을 것이다.

④ 업무 범위는 근로의 양·질과 직결되고 임금 결정의 중요한 요소가 되므로 업무 범위의 차이를 엄격하게 고려하여 비교 대상 근로자를 선정하여야 하며, 업무 범위의 차이로 인한 임금 및 근로조건 등에서 불리한 처우는 합리적인 이유가 있는 것으로 볼 수 있다.

⑤ 권한·책임의 정도에 따라 임금에 차이를 두는 것도 합리적 이유로

---

8 근로기준국 비정규직대책팀. 『기간제·단시간·파견근로자를 위한 차별시정제도』를 알려드립니다, 2007.06

인정될 수 있다. 기간제·단시간 근로자가 이러한 권한과 책임을 갖고 있지 않다면 당해 기간제·단시간 근로자를 수당(직책수당, 직무수당 등) 지급대상에서 제외하여도 합리적 이유가 인정될 수 있을 것이다.

⑥ 실제 업무수행 결과인 근로의 질과 양이 비교 대상 근로자에 비해 낮음을 이유로 임금체계에 따라 차등을 두었다면 이는 합리적 이유로서 인정될 수 있을 것이다. 즉 기간제·단시간 근로자의 노동생산성이 비교 대상 근로자보다 낮다는 것이 객관적으로 입증되는 경우에는 합리적 이유가 인정될 것이다.

⑦ 임금을 결정함에 있어 근로제공에 관련된 요소들(직무, 능력, 기능, 기술, 자격, 경력, 학력, 근속 연수, 책임, 업적, 실적 등) 중 어떠한 요소에 따라 결정되는지를 확인하고 그 요소의 차이로 인하여 불리한 임금을 받는 경우는 합리적 이유가 있다고 볼 수 있다.

⑧ 법정수당(연장·야간·휴일근로 가산수당, 연차유급휴가수당)은 합리적인 이유가 없는 한 동일한 기준에 따라 지급되어야 한다. 법정수당 산정의 기초가 되는 통상임금 혹은 평균임금의 산정방식을 정규직 근로자와 비정규직 근로자 사이에 다르게 적용하는 경우 불리한 처우에 해당한다.

⑨ 비법정 급부(비법정수당 및 금품)는 법에 의한 지급의무가 아니라 단체협약·취업규칙 또는 근로계약 등에 의한 근로조건에 따라 사용자가 지급의무를 부담하는 각종 수당 및 금품을 의미한다. 다만, 사업주가 임의적·은혜적으로 지급하는 급부는 제외된다. 비법정 급부에 대한 차별은 사용자가 지급하는 급부의 내용과 목적을 확인한 후, 급부의 목적을 실현하기 위한 객관적 기준에 따라 급부가

이루어졌는지 여부로 판단할 수 있을 것이다.

⑩ 파견근로자에 대한 불리한 처우의 유무와 합리적인 이유의 유무
는 파견근로의 특성을 고려하여 판단하게 된다. 설사 불리한 처우
가 있는 경우에도 그 원인이 파견근로라는 고용형태의 속성으로
인한 경우에는 합리적 이유가 있는 것으로 볼 수 있다(예 : 승진기회
의 배제 등).

4. 차별시정

비정규직 근로자는 사용자로부터 차별적 조치를 받았다고 생각하는
경우, 노동위원회를 통하여 그 시정을 요구할 수 있다. 그 시정절차는
〈그림 2-4〉에서처럼, 차별시정 신청 → 조사·심문 및 조정·중재 → 확
정의 절차로 진행된다.

차별시정 신청

차별적 처우를 받은 비정규직 근로자는 차별적 처우가 있은 날로부터
6월 이내에 지방노동위원회에 그 차별의 시정을 신청할 수 있다. 계속되
는 차별적 처우의 경우는 그 종료일로부터 6월 이내에 신청해야 한다.
비정규직 근로자가 차별 시정신청을 하는 때에는 차별적 처우의 내용을
구체적으로 명시하여야 한다.

조사, 심문

노동위원회는 시정신청을 받은 때에는 지체 없이 필요한 조사와 관계
당사자에 대해 심문을 하여야 한다. 심문을 하는 때에는 관계 당사자의

신청 또는 직권으로 증인을 출석하게 하여 필요한 사항을 질문할 수 있고, 관계 당사자에게 증거의 제출과 증인에 대한 반대 심문을 할 수 있는 충분한 기회를 주어야 한다.

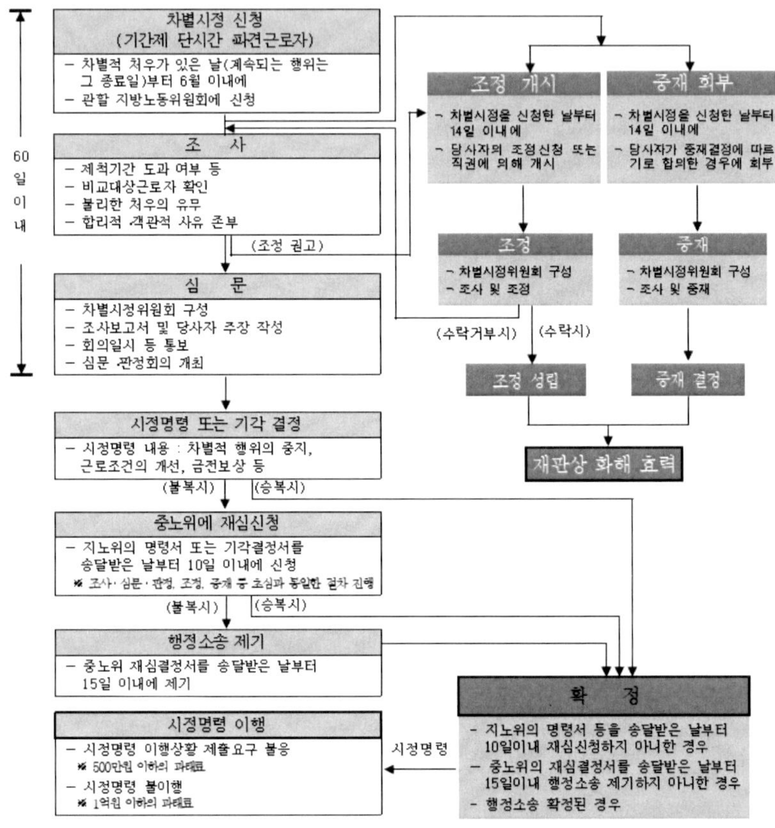

<그림 2-4> 비정규직 근로자 차별시정 절차[9]

9   근로기준국 비정규직대책팀. 『기간제·단시간·파견근로자를 위한 차별시정제도』를 알려드립
니다', 2007.06

<u>조정, 중재</u>

노동위원회에서는 비정규직 근로자의 차별 분쟁에 대해서 노사 당사자 간의 자율적 해결을 촉구하기 위하여 조정과 중재의 제도를 두고 있다. 노동위원회는 심문의 과정에서 관계당사자 쌍방 또는 일방의 신청 또는 직권에 의하여 조정(調停) 절차를 개시할 수 있고, 관계 당사자가 미리 노동위원회의 중재(仲裁) 결정에 따르기로 합의하여 중재를 신청한 경우에는 중재를 할 수 있다. 이러한 조정 또는 중재는 차별적 처우의 시정신청을 한 날부터 14일 이내에 하여야 한다. 다만, 노동위원회의 승낙이 있는 경우에는 14일 후에도 신청할 수 있다.

노동위원회는 조정 또는 중재를 함에 있어서 관계 당사자의 의견을 충분히 들어야 하고, 특별한 사유가 없는 한 조정절차를 개시하거나 중재 신청을 받은 때부터 60일 이내에 조정안을 제시하거나 중재 결정을 하여야 한다. 조정 또는 중재 결정은 재판상 화해와 동일한 효력을 가진다.

TIPS!!

조정과 중재의 차이점은, 조정은 양 당사자가 분쟁을 해결하는 의사결정을 하도록 제3자인 조정인이 도와주는 과정이고, 중재는 심판 절차로써 중재인은 판사처럼 사건의 공과에 기초해서 결정을 내린다. 따라서 조정은 제3자가 적극적으로 개입하기는 하지만, 중재와는 달리 제3자가 '합의안'을 결정할 권한은 없으며, 조정이 성립되지 않으면 다시 조사 심문 절차가 진행되는 데 반해, 중재인은 당사자 합의에 정해진 범위 내에서 당사자에게 해결을 강제하며 양 당사자는 이에 따라야 하며 이로써 시정 절차는 종료된다.

　노동위원회는 조사·심문을 종료하고 차별적 처우에 해당된다고 판정한 때에는 사용자에게 시정명령을 발하여야 하고, 차별적 처우에 해당하지 아니한다고 판정한 때에는 그 시정신청을 기각하는 결정을 하여야 한다. 판정·시정명령 또는 기각결정은 서면으로 하되 그 이유를 구체적으로 명시하여 관계 당사자에게 각각 교부하여야 한다. 이 경우 시정명령을 발하는 때에는 시정명령의 내용 및 이행기한 등을 구체적으로 기재하여야 한다.

　지방노동위원회의 시정명령 또는 기각결정에 대하여 불복이 있는 관계 당사자는 시정명령서 또는 기각결정서의 송달을 받은 날부터 10일 이내에 중앙노동위원회에 재심을 신청할 수 있다. 그리고 중앙노동위원회의 재심 결정에 대하여 불복이 있는 관계 당사자는 재심결정서의 송달을 받은 날부터 15일 이내에 행정소송을 제기할 수 있다. 규정된 기간 이내에 재심을 신청하지 아니하거나 행정소송을 제기하지 아니한 때에는 그 시정명령·기각결정 또는 재심 결정은 확정된다.

　고용노동부 장관은 확정된 시정명령에 대하여 사용자에게 이행상황을 제출할 것을 요구할 수 있다. 이행상황 제출요구에 불응한 자에 대하여는 500만 원의 과태료가 부과된다. 또한, 확정된 시정명령을 정당한 이유 없이 이행하지 아니한 자는 1억 원 이하의 과태료에 처하고, 시정신청을 한 근로자는 이를 고용노동부 장관에게 신고할 수 있다. 사용자는 시정명령 불이행의 신고에 해당하는 행위를 한 것을 이유로 비정규직 근로자에게 해고 및 그 밖의 불리한 처우를 하지 못하며, 만약 이를 위

반하여 근로자에게 불리한 처우를 한 자는 2년 이하의 징역 또는 1천만

원 이하의 벌금에 처한다.

IV. 하도급과 불법 파견

도급은 도급자와 수급자 간 일의 완성할 것을 약정하고 도급자는 그 일의 결과에 따라 보수를 지급할 것을 약정하는 계약이다. 원칙적으로 도급은 근로자의 채용이나 지휘명령은 수급자의 책임 아래에서 이루어지고, 수급자가 약정된 일만 완성할 수 있다면 도급받은 업무를 다시 도급을 주는 하도급도 가능하다.

도급이나 파견은 제3자에게서 고용된 인력으로부터 근로를 제공받는다는 점에서는 유사하다. 하지만 도급의 경우에는 〈그림 2-5〉에서 보는 바와 같이 하청업체(수급자)가 근로자에게 업무의 지휘·감독을 하여야 하고 원청(도급자)이 하청 근로자에게 업무의 지휘·감독을 못 하는 반면, 파견의 경우에는 사용사업주(도급자, 원청)가 근로자에게 직접 지휘·감독을 할 수 있다는 점에서 도급과 차이가 있다. 이렇게 개념상으로는 도급과 파견 간에는 명확한 차이가 있지만, 실제 사업현장에서는 도급계약을 체결하고 사실상 파견으로 업무를 수행(원청업체가 근로자 직접 지휘·감독)하는 곳이 많다. 이것이 불법 파견이다.

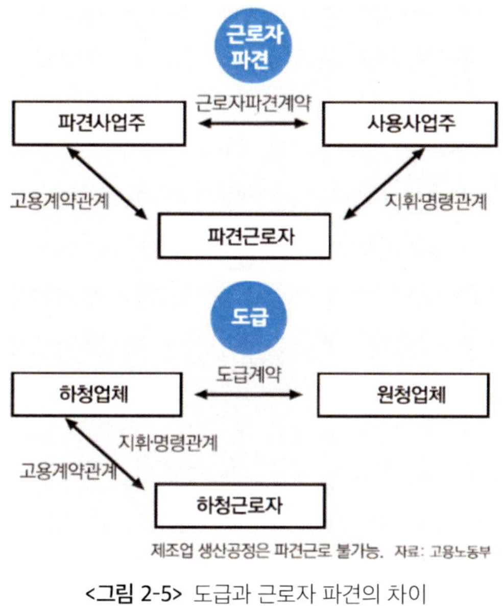

<그림 2-5> 도급과 근로자 파견의 차이

　이러한 불법파견이 공공연하게 이루어지는 이유는, 근로자를 파견으로 사용하는 경우에는 업종 및 사용 기간에 제한이 있어 2년 이상 근로자를 파견으로 고용하는 경우에는 직접고용의 의무를 지게 되기 때문이다. 따라서 사용자의 입장에서는 파견보다는 직접고용 의무가 없는 도급을 선호하게 되고, 도급계약임에도 근로자에 대한 지휘명령권을 행사하다 보니 불법 파견이 되어 직접고용 의무에 대한 법적 다툼이 일어나게 된다. 이에 대한 대표적인 사례가 대법원에서 현대자동차의 사내하청 근로자를 파견근로자로 인정한 판례이다.

　이렇게 도급과 파견근로자를 구별하는 것은 중요하다. 만약 파견근로자로 판명이 나는 경우, 원청에게는 도급계약임에도 불구하고 하청 소속의 2년이 지난 근로자를 직접 고용해야 하는 의무가 발생하기 때문이다.

고용노동부에서 운영하는 '근로자파견'의 판단 기준에 관한 지침에 의하면 불법파견 여부는 다음의 두 단계로 판단한다.

① 하청 업체에 대한 사업주로서의 실체를 판단한다.

도급계약의 명칭·형식 등에도 불구하고, 하청 업체에게 다음의 권한이나 책임이 존재하지 않는 경우에는 하청 업체의 실체가 인정되기 어려우므로 불법파견으로 판단하여, 원청업체가 당해 근로자를 직접 고용한 것으로 추정한다. 단, 4), 5)의 경우처럼 단순히 육체적인 노동력을 제공하는 경우에는 적용되지 아니한다.

1) 채용·해고 등의 결정권
2) 소요자금 조달 및 지급에 대한 책임
3) 법령상 사업주로서의 책임
4) 기계, 설비, 기자재의 자기 책임과 부담
5) 전문적 기술·경험과 관련된 기획 책임과 권한

② 원청업체의 지휘·명령에 대한 여부를 판단한다.

하청 업체의 실체가 인정되는 경우, 도급이 성립되려면 근로자들에 대한 지휘·명령은 하청 업체가 가져야 한다. 하지만 원청업체가 당해 근로자에 대하여 다음의 권한을 행사하는 경우에는 불법파견으로 보고, 원청업체가 직접고용 의무가 있는 것으로 판단한다.

1) 작업배치·변경 결정권

2) 업무 지시·감독권

3) 휴가, 병가 등의 근태 관리권 및 징계권

4) 업무수행에 대한 평가권

5) 연장·휴일·야간근로 등의 근로시간 결정(다만, 작업의 특성상 일치시켜
  야 하는 경우에는 제외한다)

　사업장에서 도급계약을 체결했는데, 불법파견이라는 판정을 받아 직접고용 의무를 부담하게 되면 원청업체로서는 경영에 큰 차질을 빚게 된다. 판례나 고용노동부 지침은 계약의 형식이 중요한 것이 아니라 사업장에서 실제 이루어지고 있는 지휘감독체계의 모습이다. 따라서 도급계약이 불법파견이라는 판정을 받지 않으려면, 원청업체는 근로자의 관리 감독권을 행사해서는 안 되고, 하청 업체에 맡겨두는 등 인사노무관리체계를 재점검해야 한다.

무기계약직 근로자의 차별 여부에도 관심을 가져야!

　사회적으로 비정규직 근로자의 정규직 근로자 전환이 이슈가 되고 있다. 그 중간쯤 신분에 해당하는 무기계약직 근로자에게는 별로 관심이 없다. 무기계약직 근로자 당사자들은 비정규직 근로자들보다 그나마 고용이라도 안정되어 있어서 더 열악한 비정규직 근로자들 앞에서 침묵할 수밖에 없고, 기업 입장에서도 무기계약직 근로자에게는 나름대로 혜택을 부여하였기 때문에 안심하고 관리에 손을 놓고 있다. 그래서 오히려 무기계약직 근로자들이 역차별되는 것이 아닌가 하는 우려의 목소리도 나오고 있다.

　그런데 이번에 무기계약직 근로자들의 차별 문제를 시정하라는 판결이 나왔다. 서울남부지방법원 2016. 6. 10. 선고 2014가합3505 판결은 '직업뿐 아니라 사업장 내 직종, 직위, 직급도 상당한 기간 점하는 지위로서 사회적 평가를 수반하거나 사업장 내에서 근로자 자신의 의사나 능력 발휘에 의해서 회피할 수 없는 사회적 분류에 해당하는 경우 '사회적 신분'이라 할 수 있다'고 판시하였다. 이러한 전제에서 정규직 근로자들과 무기계약직 근로자들이 유사한 업무를 수행함에도 정규직 근로자들에게만 매월 주택수당, 가족수당, 식대 등을 지급하는 것은 근로기준법 제6조[10]에 위반한 것으로 무효라고 본 것이다.

　이 판결은 무기계약직 근로자를 노동법적으로도 비정규직 근로자와 동일하게 봤다는 데 의미가 깊다. 이제 기업에서는 무기계약직 근로자들에 대해 승진이나 임금 등 인사노무관리 측면에서 동기부여 방안을 모색해야 할 뿐만 아니라 노동법 측면에서도 근로조건을 챙겨야 한다. 즉 사업장에서는 무기계약직 근로자들이 정규직 근로자들에 비해 합리적인 이유 없이 차별을 받고 있는 근로조건들이 있다면 이를 개선하도록 노력해야 한다.

10　제6조(균등한 처우) 사용자는 근로자에 대하여 남녀의 성(性)을 이유로 차별적 대우를 하지 못하고, 국적·신앙 또는 사회적 신분을 이유로 근로조건에 대한 차별적 처우를 하지 못한다.

제3장

채 용 관 리

따뜻한 인사 노무를 위한 채용관리는 '채용은 어렵고, 관리는 쉽게'라는 전략을 실천하는 것이다. 이를 위해서 채용관리는 엄정하게 이루어져, 조직 적합 인력을 가려내야 한다. 또한, 채용관리의 모든 과정은 공정하고 적법하게 이루어져야 한다. 근로계약은 노사갈등 해결의 중요한 기준이 되므로 근로계약 작성에도 만전을 기해야 한다. 한편, 이러한 과정에서 법률을 위반하여 법적 분쟁 등이 발생하지 않도록 법률적 리스크도 관리해야 한다.

I. 어렵게 채용하여 쉽게 관리해야 한다

　기업경영에서 채용관리의 중요성은 아무리 강조해도 지나침이 없다. 채용은 기업의 경영전략을 달성하고, 미래의 먹거리를 만들고, 경영성과를 올리는 데 필요한 인적자원을 확보하는 활동이기 때문이다. 그렇기 때문에 모든 기업에서 우수한 인재를 뽑으려고 다양한 전형기법과 엄정한 채용절차를 도입하고 있다.

　비정규직 근로자 채용이라고 해서 예외는 아니다. 비정규직 근로자의 채용 활동도 엄정하게 진행되어야 하는데, 그 이유는 다음과 같다.

　첫째, 채용 과정은 까다롭고 힘들수록 회사와 지원자 간의 적합성이 더 높아진다. 지원자는 자신의 열정과 노력을 많이 투입하게 되므로 회사를 긍정적으로 평가하게 되고 애착도 더 가지게 된다. 이렇게 해야 비정규직 근로자들이 회사에 입사하게 되면, 자신의 업무에 대해 열정도 높고 조직문화에도 긍정하면서 잘 적응해 간다.

　둘째, '쉽게 채용해서 힘들게 관리하는 것'보다는 '까다롭게 채용해서 쉽게 관리하는 것'이 인력운영 측면에서 훨씬 효과적이다. 비정규직 근로자의 신분전환을 고려한다면 비정규직 근로자의 채용은 정규직 근로자 채용의 예비 단계이며, 장기적으로 볼 때 비정규직 근로자 채용과 정규직 근로자 채용을 달리해야 할 이유가 없다.

셋째, 비정규직 근로자도 중요한 자원임을 인식해야 한다. 많은 비정규직 근로자들이 고객과 접점에서 활동하고 있거나 핵심업무를 지원하는 역할을 수행하고 있다. 비정규직 근로자의 행동이나 태도가 당장 매출이나 핵심업무의 성과에 영향을 미치게 되므로, 비정규직 근로자 채용에 만전을 기해야 한다.

그러나 현업부서에서 비정규직 근로자들의 채용과정을 보면 엄정한 채용과는 거리가 멀다. 대체로 면접에 대한 별다른 준비 없이, 대상자들을 쭉 앉혀놓고 이야기 몇 번 나누고, 그 자리에서 채용을 결정하고 통보한다. 이러한 쉬운 채용 결과, 비정규직 근로자들의 생산성 하락, 이직률 증가 등의 부작용이 발생한다.

그래서 채용관리는 정규직 근로자 또는 비정규직 근로자의 구별 없이 엄정하게 이루어져야 한다. 역량이나 자질이 사업장에서 요구하는 기준에 맞는지를 철저하게 살펴 채용해야 한다. 그래야 비정규직 근로자들에게 코칭이나 신분전환 등 따뜻한 인사노무관리가 가능해진다.

따뜻한 인사 노무를 위한 채용관리는 '채용은 어렵고, 관리는 쉽게'라는 전략을 실천하는 것이다. 이를 위해서 채용관리는 〈그림 3-1〉처럼 엄정하게 이루어져야 한다. 이러한 엄정한 채용관리는 조직 적합 인력을 철저히 가려내기 위한 것이다. 또한, 채용관리의 모든 과정은 공정하고 적법하게 이루어져야 한다. 근로계약은 노사갈등 해결의 중요한 기준이 되므로 근로계약 작성에도 만전을 기해야 한다. 한편, 이러한 과정에서 법률을 위반하여 법적 분쟁 등이 발생하지 않도록 법률적 리스크도 관리해야 한다.

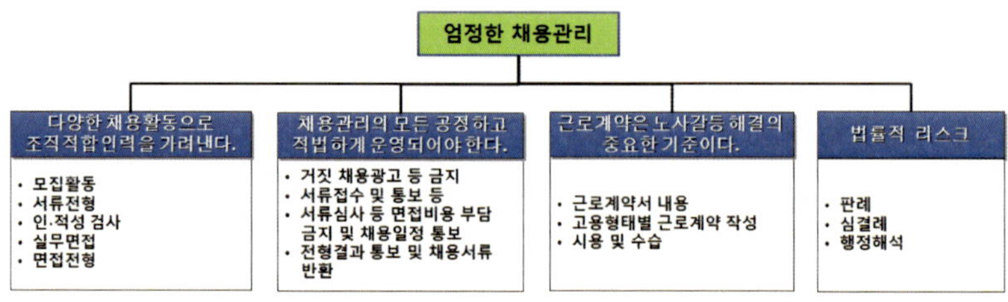

<그림 3-1> 비정규직 근로자의 채용관리 활동

기업에서는 엄정한 채용절차의 도입은 사업장의 적합 인력을 채용하기 위한 것이다. 비정규직 근로자들도 예외는 아니다. 특히 중소기업들이 중견기업으로, 중견기업이 대기업으로 성장하려면 이러한 채용절차 구축이 필수적이다. 이제부터 비정규직 근로자도 엄정하게 채용하고 쉽게 관리하는 프로세스를 구축해야 한다.

II. 다양한 채용활동으로
조직적합 인재를 가려내야 한다

1. 모집활동

채용과정에서 모집활동은 면접활동 못지않게 중요하다. 모집활동은 회사가 필요로 하는 사람들을 유인하는 과정으로 후보자들의 질과 양을 좌우한다. 마치 모집활동은 등반할 산을 정하는 것이고, 면접 등 나머지 활동은 정해진 산을 등반하는 행위와 같다. 그래서 채용관리는 후보자 대상을 정하는 모집활동에서부터 최선을 다해야 한다.

모집활동은 우리 조직에서 적합한 인력이 충분히 응모하도록 유인하는 과정이다. 비정규직 근로자는 대체로 소수 인원을 채용하기 때문에, 잘못 채용되면 확연히 표가 난다. 이러한 부작용이 발생하지 않으려면, 모집활동에서 채용인력의 자격요건과 직무 등 구인정보를 충분히 제공해야 한다.

그러나 우리 기업들은 모집활동에서 구인정보를 충분하고, 정확하게 제공하지 않고 〈그림 3-2〉의 잘못된 모집공고처럼 두리뭉실하게 제시한다. 이런 경향은 인사노무관리가 취약한 중소기업일수록 더욱 심하다. 그 결과 비정규직 근로자들이 입사 후, 근로조건이 기대한 것과 달라 불신과 갈등을 초래하고, 급기야 퇴사 또는 법률 분쟁을 일으킨다.

채용공고에 '실적우수자는 무기계약직 전환'을 공지했다면 근로계약서에 관련 근거 규정이 없더라도 무기계약직 전환을 거절한 것은 부당하다.[11]

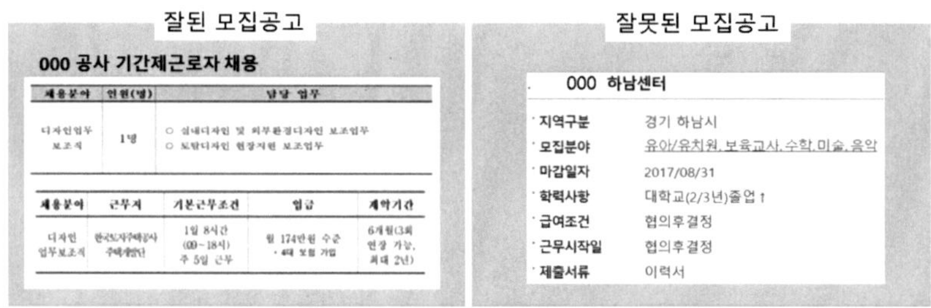

잘된 모집공고

000 공사 기간제근로자 채용

채용분야	인원(명)	담당 업무
디자인업무 보조직	1명	○ 실내디자인 및 외부환경디자인 보조업무 ○ 토탈디자인 현장지원 보조업무

채용분야	근무지	기본근무조건	임금	계약기간
디자인 업무보조직	한국토지주택공사 주택설비단	1일 8시간 (09~18시) 주 5일 근무	월 174만원 수준 · 4대 보험 가입	6개월(3회 연장 가능, 최대 2년)

잘못된 모집공고

000 하남센터

· 지역구분	경기 하남시
· 모집분야	유아/유치원, 보육교사, 수학, 미술, 음악
· 마감일자	2017/08/31
· 학력사항	대학교(2/3년)졸업 ↑
· 급여조건	협의후 결정
· 근무시작일	협의후 결정
· 제출서류	이력서

<그림 3-2> 잘된 모집광고와 잘못된 모집광고

그러므로 비정규직 근로자의 모집활동이 적절하게 이루어지기 위해서는, 채용 필요 인력의 자격요건과 직무요건, 근로조건 등 구인요건에 대한 정보를 충분히 제공해야 한다. 이는 회사에서 원하는 자질을 갖춘 인력들을 채용하는 데 도움을 줄 뿐만 아니라 신입사원의 조직 정착률에도 크게 영향을 미치기 때문이다.

TIPS!!

비정규직 근로자를 모집하는 방법

임직원 추천제, 인터넷 채용, 헤드헌팅, 언론공고, 전문기관 추천 등 다양하다. 요즘 비정규직 근로자 채용은 인터넷을 이용하는 것이 일반적이지만, 고급인력인 전문직 기간제 근로자 등을 뽑을 때는 임직원 추천제나 인력배출 전문기관의 추천을 받는 것도 좋은 방법이다. 조사에 따르면 인력채용방법에서 가장 타당도가 높은 것은 임직원 추천제로 알려져 있다.[12]

---

11 서울고법 2016-9-28 선고 2015나2062553 판

12 정학용, 황규식, 『인사노무관리 리스크 매니지먼트』, 간디서원, 2017, p.64

2. 서류전형

　서류전형은 응모자들에 대한 학력, 경력, 자질 등을 이력서와 각종 제출서류를 통하여 적합인력을 가려내는 절차이다. 즉 서류전형은 응모자들에게는 입사를 위한 1차 관문인 셈이다.

　서류전형의 핵심은 '제출서류는 간소하게, 서류심사는 폭 넓게'이다. 서류를 제출할 때 증빙 등 추가 필요 서류는 최소화하여 응모율을 높이도록 해야 하고, 증빙에 필요한 추가 서류는 서류전형 합격자에 한해 추후에 제출하도록 하면 된다.

　그러나 이러한 서류전형이 채용과정을 지나치게 계량화한다든지 학연이나 지연 등을 부추기게 된다. 그 결과 특이 인재들이 서류전형에서 탈락하거나 학력이 좋지 않으면 취업이 어렵게 되는 현상이 발생하게 된다. 그래서 요즘 정부와 공공기관에서는 블라인드 채용제도를 도입하고 있다.

　블라인드 채용의 핵심은 서류 작성 과정에서 학교, 출생지, 사진 등 업무수행과 무관한 요소를 삭제하고, 실력 중심으로 선발하는 제도이다. 이렇게 블라인드 채용을 도입하게 되면, 〈그림 3-3〉에서 보는 바와 같이, 차별 없이 공정한 기회를 제공할 수 있다는 점, 실력 중심의 채용이 이루어지고 특이 인재 선발이 가능하다는 점 등의 장점이 있는 반면, 첫인상 또는 운에 의한 당락 결정, 새로운 스펙 시장 탄생 우려 및 면접에 너무 많은 에너지 소비 등의 단점도 있다.

장 점	단 점
・학연이나 지연 등 차별없이 공정한 기회 제공	・임기응변과 인상 등 운에 의해 당락 결정
・스펙 위주의 채용관행이 사라지고 실력중심 채용	・블라인드 채용을 위한 새로운 스펙 시장 생성
・다양한 배경이나 출신 등 특이 인재 채용가능	・인재판단을 위해 면접에 너무 많은 시간과 에너지 소비

<그림 3-3> 블라인드 채용의 장점과 단점

블라인드 채용을 전략적으로 활용하기 위해서는, 이를 인재 성격에 따라 달리 활용할 필요가 있다. 특이 인재를 채용할 때는 블라인드 방식을 활용하고, 전문인력을 채용할 때는 오픈 방식(전통적 방식)을 활용하는 것이다.

예를 들면, 글로벌 가수인 '싸이'와 같은 특이 인재를 뽑으려면 학교 때 성적이나 출결 상황은 아무런 도움이 안 된다. 반면, 회계장부를 검토하고, 법인카드 실적을 조사하는 등 회계나 재무 전문가는 학교 전공이나 성적 그리고 출결 상황 등으로 선발해야 채용의 타당성을 높일 수 있을 것이다.

3. 인·적성 검사

최근에 기업들이 선발 도구들을 다양화하고 있는데, 그 대표적인 것이 인·적성 검사의 도입이다. 요즘 시행되는 인·적성 검사는 심리기법, 뇌 과학, 행동과학 등의 발달에 힘입어 비교적 정확하고 신뢰성도 높을 뿐만 아니라 온라인 진행으로 진행절차도 간소하다.

인·적성 검사를 도입하는 목적은 사업장 문화에 부적합한 인력을 가려내는 것이다. 강한 고정관념이나 편협한 사고를 가지고 있는 지원자들은 인·적성 검사에서 극단적으로 반응하는 경향이 있다. 따라서 이들은 조직 화합에 문제를 일으킬 가능성이 높다. 따라서 인·적성 검사를 통하여 이러한 극단적인 사고를 가진 지원자를 가려낼 수 있다.

4. 실무면접

실무면접은 지원자와 함께 일할 동료들이 중심이 되어, 해당 분야의 전문성과 팀워크 등을 평가하는 절차이다. 실무면접은 실제 업무 상황을 가정하여 업무처리 능력이나 실무지식 등을 평가하는 것이기 때문에, 채용평가의 타당성을 높이는 데 아주 유용하다.

그러나 비정규직 근로자는 보조 역할 등 지원업무를 수행하기 때문에 실무면접이 필요치 않다고 생각할 수 있다, '백문이 불여일견'이라는 말처럼 비정규직 근로자에게 실제 업무를 한 번 해보게 하는 것보다 정확하게 할 수 있는 평가는 없다. 따라서 비정규직 근로자에게도 실무면접은 꼭 필요하다.

이러한 실무면접은 인재성격에 따라 그 내용을 달리 운영함이 바람직하다. 예를 들어 전문직 인력은 분석력과 발표력 등 Presentation 중심으로 운영하고, 무기계약직이나 기간제 근로자의 경우는 향후 수행직무를 직접 수행하게 하여 전문성과 태도 등을 평가하는 것이다.

실무면접 프로세스는 일반적으로 〈그림 3-4〉처럼 실무면접 위원장이 지원자 환영 등의 Opening으로 시작한다. 그리고 사례 및 문제지 제공

→ Presentation → 평가 순으로 진행한다.

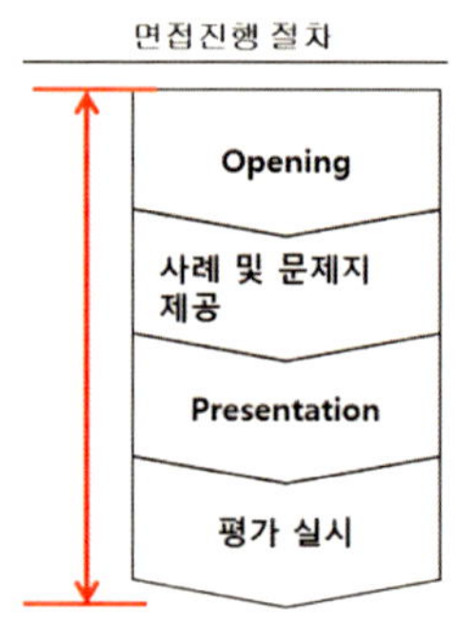

<그림 3-4> 실무 면접 프로세스

5. 경영층 면접

비정규직 근로자의 채용에도 경영층 면접이 필요하다. 경영층 면접은 CEO 등 경영층이 중심이 되어, 가치관이나 조직·문화 적합성, 윤리성 등을 평가하는 절차이다. 이러한 경영층 면접은 지원자의 가치나 조직 적합성 중심의 종합 평가라는 점에서 전문성 위주로 평가하는 실무면접과 차이가 있다.

그럼에도 사업장에서 비정규직 근로자 채용에 경영층이 관여하는 경우는 드물다. 하지만 이들도 장기적으로 정규직 근로자로 전환될 자원이므로 채용 때부터 신중을 기해야 한다. 경영층의 면접 참여는 이러한 채용관리의 신중성을 높일 뿐만 아니라 비정규직 근로자들도 조직의 중요한 구성원이라는 인식을 확산하는 데 도움이 된다.

　　기업에서는 경영층 면접의 효과성을 높이기 위하여 구조적 방식의 면접을 도입하고 있다. 구조적 방식의 면접에는 완전 구조적 방식과 반구조적 방식이 있다. 비정규직 근로자의 면접에서는 평가에 필요한 질문 방향 정도만 사전에 준비하고, 구체적인 질문은 평가자 재량에 따르는 상황에 따라 대응하는 반구조화 면접이 적당하다.

TIPS!!

- 완전 구조적 면접: 사전에 질문내용과 표현을 구조화시켜 놓고, 정해진 순서에 따라 지원자에게 질문하는 방식
- 반구조화 면접: 평가에 필요한 질문 방향 정도만 사전에 준비하고, 구체적인 질문은 평가자 재량에 따름

Ⅲ. 채용관리의 모든 과정은
공정하고 적법하게 운영되어야 한다

채용활동 과정에서 근로기준법의 적용을 받는 시점은 사용자와 근로자가 근로계약을 체결하고 나서부터이다. 채용관리의 핵심절차인 선발활동은 근로계약 성립 이전의 단계이므로 근로기준법 등 노동법의 적용 여지가 적다. 즉 선발활동은 근로계약 체결 이전의 행위이므로 근로조건에 해당되지 않는다.

따라서 선발활동의 핵심절차인 면접 과정에서 국적, 신앙 또는 사회적 신분을 이유로 채용을 거절하였다고 하더라도 근로기준법(제6조)의 균등처우 위반에 해당되지 않는다. 다만, 남녀고용평등법(제7조)에 의한 남·여 간 차별 정도만 금지하고 있다.

그러나 2014년에 '채용절차의 공정화에 관한 법률'(이하 채용절차법)이 제정·시행되고부터 선발활동도 노동법의 적용을 받게 되었다. 채용절차법이 2017년 1월 1일부터 30인 이상 모든 사업장에 적용되므로, 기업에서는 선발활동 과정에서도 채용절차법을 준수해야 한다.

채용절차법의 주요 내용은 〈그림 3-5〉에서 보는 바와 같이 선발과정에 따라, 거짓광고 금지, 서류접수 통보, 서류전형 결과통보, 금전적 비용부담 금지, 서류반환 등이 있다.

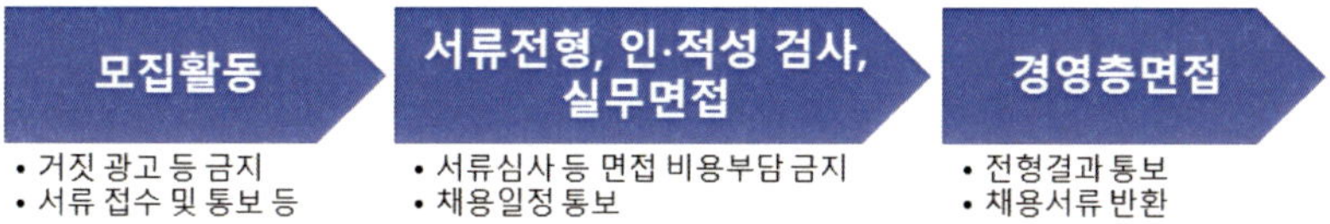

<그림 3-5> 채용절차에 따른 공정화 주요 내용

1. 거짓 채용광고 등 금지

기업은 채용을 가장하여 아이디어를 수집하거나 사업장을 홍보하기 위한 목적 등으로 거짓의 채용광고를 내거나 정당한 사유 없이 채용광고의 내용을 구직자에게 불리하게 변경하여서는 아니 된다.

예를 들면 채용 서류로 자사 제품 개선 제안서를 제출케 하고 지원자들의 아이디만 수집하여 사업에 활용하거나, 정규직으로 구인광고를 게시하였으나 실제는 프리랜서 근무를 유도하면서 물품 판매 등을 강요하는 행위 등이다.

이러한 거짓의 채용광고를 낸 회사는 5년 이하의 징역 또는 2천만 원 이하의 벌금에 처하게 되고, 정당한 이유 없이 광고 내용 변경 등에 해당하는 경우에는 500만 원 이하의 과태료가 부과된다.

2. 서류접수 및 통보 등

기업은 구직자들의 채용서류(응시원서, 이력서 및 자기소개서)를 고용노동부 장관이 권장하는 표준양식으로 사용하도록 노력해야 하고, 채용서류의 접수는 홈페이지 또는 전자우편으로 받도록 노력하여야 한다.

기업은 채용서류를 전자우편 등으로 받은 경우에는 지체 없이 구직자에게 접수된 사실을 홈페이지 게시, 휴대전화에 의한 문자전송, 전자우편, 팩스, 전화 등으로 알려야 한다.

3. 서류심사 등 면접비용 부담 금지 및 채용일정 통보

기업은 채용심사를 목적으로 구직자에게 채용서류 제출에 드는 비용 이외의 일체의 금전적 비용을 부담시켜서는 아니 된다. 따라서 기업은 서류심사에 드는 비용이라든지 인·적성 검사에 소요되는 비용 및 실무 면접 비용을 구직자에게 부담하게 해서는 아니 된다.

기업은 채용일정, 채용심사 지연의 사실 등 채용과정을 홈페이지 게시, 휴대전화에 의한 문자전송 등으로 알려주어야 한다.

4. 전형결과 통보 및 채용서류 반환

기업은 채용대상자를 확정한 경우에는 지체 없이 후보자에게 채용 여부를 홈페이지 게시, 휴대전화에 의한 문자전송, 전자우편, 팩스, 전화 등으로 알려야 한다.

또한, 기업은 구직자의 채용 여부가 확정된 이후 후보자가 채용서류의 반환을 청구하는 경우에는 반환해 주어야 한다. 다만, 채용서류가 홈페이지 또는 전자우편으로 제출된 경우나 구직자가 자발적으로 제출한 경우에는 그러하지 아니하다.

IV. 근로계약은 노사갈등 해결의 중요한 기준이다

　근로계약서는 근로자가 사용자에게 근로를 제공하고 사용자는 이에 대해 임금을 지급함을 목적으로 체결된 계약으로, 근로자의 임금이나 근로시간 등 근로조건을 정한 문서이다. 따라서 근로계약서는 노사 당사자 간에 임금체불이나 해고 등 분쟁이 발생하면, 그 해결에 가장 기본이 되는 서류이기 때문에 기업 입장에서는 반드시 갖추어야 한다.

　그러나 비정규직 근로자를 활용하고 있는 사업장에서 근로계약서를 체결하는 비율은 취약하다. 조사에 따르면, 비정규직 근로자의 서면 근로계약서 작성 비율은 평균 59.5%, 즉 10개 기업체 중에서 6개 기업만 근로계약서를 작성하고 있고, 4개 기업은 여전히 근로계약서를 작성하지 않고 있다. 특히 시간제 근무자나 아르바이트 등 시간제 근로자가 열악하다(이들의 근로계약서 작성은 50%에도 못 미친다).

　사업장에서는 이렇게 근로계약서를 체결하지 않는 것이, 사업주에게 유리한 것으로 오해하고 있다. 즉, 사업주는 임금 등 근로조건을 지키지 않더라도 근로자가 입증하기 곤란하기 때문에 고용노동청에 신고하기가 어렵다고 생각한다.

　그러나 근로계약서를 작성하지 않으면 사업주에게 다음과 같은 애로사항이 발생한다. 우선, 근로자를 근로계약 위반으로 해고할 경우, 근로계약서가 없으면 사실 입증이 곤란하므로 부당해고가 될 가능성이 높고, 근로자에게 포괄임금으로 지급하기로 약속한 경우, 사용자는 이를 입증할 수 없기 때문에 연장근로수당 등을 지급해야 한다.

따라서 사전에 근로계약서를 서면으로 작성하여 근로조건 내용을 명확하게 해 두면, 불필요한 다툼이나 법률적 분쟁 등을 피할 수 있다. 따라서 사업주는 상당한 시간적·금전적 지출을 막을 수 있다.

1. 근로계약서의 내용

근로계약서에는 근로기준법상의 필수적 기재사항을 서면으로 명시하여야 한다. 비정규직 근로자에게 필수적으로 기재해야 할 근로조건은 다음과 같다. 이를 명시할 때는 비정규직 근로자가 이해하기 쉽게 해야 한다.

1. 근로계약 기간에 관한 사항
2. 근로시간·휴게에 관한 사항
3. 임금의 구성항목·계산방법 및 지불방법에 관한 사항
4. 휴일·휴가에 관한 사항
5. 취업의 장소와 종사하여야 할 업무에 관한 사항
6. 근로일 및 근로일별 근로시간(단시간 근로자에게만 해당)

사용자는 이렇게 명시된 서면을 근로자에게 교부하여야 한다. 다만, 본문에 따른 사항이 단체협약 또는 취업규칙의 변경 등의 사유로 인하

어 변경되는 경우에는 근로자의 요구가 있으면 그 근로자에게 교부하여
야 한다. 이를 위반하는 자는 500만 원 이하의 벌금에 처한다. 또한, 사
용자는 근로자 명부와 근로계약에 관한 중요한 서류를 3년간 보존하여
야 한다.

2. 고용형태별 근로계약 체결

비정규직 근로자의 근로계약서는 고용형태별로 〈그림 3-6〉처럼 표준
근로계약서, 일용근로자 표준근로계약서, 단시간 근로자 표준근로계약
서 등 3가지 종류가 있다. 표준근로계약서 양식에는 근로계약 기간, 근
로 장소 및 업무 내용, 근로시간 및 휴게시간, 임금의 구성항목·계산방법
및 지불방법, 휴일 및 휴가 그리고 사회보험적용 여부 등에 관한 사항을
포함하고 있다.

일용근로자는 일일 단위로 채용이 이루어지기 때문에, 출근으로 근로
계약이 성립하고 퇴근으로 근로계약이 종료하게 된다. 자칫, 1주일 동안
소정 근로일을 모두 근로했음에도 유급 주휴일 혜택에서 소외될 가능성
이 크다. 따라서 이러한 문제를 예방하기 위하여 근로계약서에 이를 명
시할 필요가 있다. 또한, 건설일용직근로자는 포괄 산정 임금의 대상이
되므로 연장·야간·휴일근로수당을 명확히 해야 한다.

단시간 근로자는 통상 근로자보다 1주 동안의 소정근로시간이 짧은
근로자를 말하므로 일별로 근로시간을 명시할 필요가 있다. 비록 이렇
게 정한 소정 근로시간이 법정 기준근로시간 이내라고 할지라도, 이를

초과하면 통상임금의 50% 이상의 가산임금을 지급한다는 내용을 명시
할 필요가 있다.

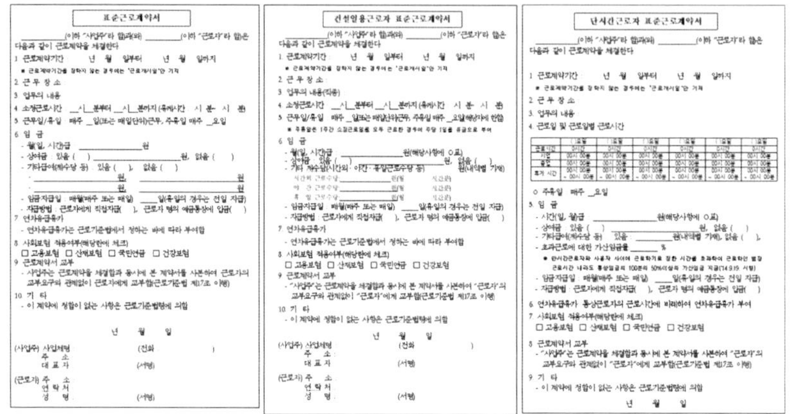

<그림 3-6> 비정규직 근로자의 각종 근로계약서

3. 시용 제도

신입사원을 채용할 때 시용 또는 수습이라는 말을 많이 사용한다. 시
용은 '시험적으로 사용'의 의미로 본채용 전에 직원으로서 자질을 평가하
기 위해서 운영하는 제도이고, 수습은 '닦고 익힌다'는 의미로 본채용 후
에 신입사원의 조직 적응 및 교육훈련의 일환으로 운영하는 제도이다.

이 두 제도는 사업장에서 일정 기간 근무한다는 점에는 동일하지만,
고용보장 측면에서는 하늘과 땅만큼 차이가 있다. 즉 시용 기간은 아직
채용과정에 있어서 비정규직 근로자인 반면, 수습 기간은 조직 적응 교
육을 받고 있는 정규직 근로자이다. 이렇게 시용과 수습은 그 개념상 비
정규직 근로자와 정규직 근로자만큼 차이가 있음에도 사업장에서는 이

를 혼용하여 사용하고 있다.

그렇다고 시용기간이 채용과정이라고 사업주 마음대로 본채용 거부를 할 수 있는 것은 아니다. 시용 기간은 비정규직 근로자에 해당하므로 본채용 거부는 근로기준법 제30조의 해고에 해당한다. 다만, 그 인정 범위는 통상 근로자 해고의 정당한 사유보다 넓게 보아야 한다. 예를 들면 정규직 근로자처럼 징계절차 등은 필요 없지만, 평가결과 사회 통념상 근로 관계를 지속할 할 수 없을 정도로 적성이나 능력 등이 해당 업무나 조직에 적합하지 않을 경우에는 본채용을 거부할 수 있다고 보아야 한다.

시용 근로자는 사업장에서 근로하는 동안, 사업주와 사용종속관계에 있어서 근로기준법상의 근로조건이 적용된다. 그러나 시용 근로자는 채용평가를 위한 시험적으로 사용되고 있어서 통상 근로자와 임금 등 근로조건에 있어서 차이를 두는 것이 가능하다. 현행 근로기준법 등에서는 시용 근로자에게는 다음과 같이 수습 근로자에 대한 규정이 준용된다.

① 수습(시용) 근로기간은 근속 기간에는 포함되지만, 평균임금 산정기준이 되는 기간과 임금 총액에서는 각각 공제한다(법 제18조).
② 수습(시용) 사용한 날로부터 3개월 이내 자에 대하여 해고 예고의 적용을 제외한다(법 제35조 제5호).
③ 1년 이상의 기간을 정하여 근로계약을 체결하고 수습(시용) 중에 있는 근로자로서 수습을 시작한 날부터 3개월 이내인 자에 대하여는 최저임금의 90%를 적용한다(최저임금법 제5조 제2항 제1호).

취업포털 사람인의 2016년 조사에 따르면, 우리나라 기업 10곳 중 8곳은 시용 기간을 두고 있다고 한다. 사업장에서 시용 제도를 보편적으로 사용하고 있는 것은 해고가 어려운 우리나라 기업환경에서 본채용에 앞서 좀 더 조직에 적합한 근로자를 가려내려는 의도 때문이다.

기타 채용내정과의 관계

채용내정은 기업에서 필요한 인력을 사전에 확보하기 위하여 졸업예정자에 대하여 채용 약정하는 근로계약이다. 따라서 시용 제도나 수습 그리고 채용내정은 사업주와 근로계약을 체결한 것이므로 본 채용거절은 모두 해고에 해당한다.

그러나 채용내정은 근로자가 사업장에 편입된 것이 아닌 반면, 시용과 수습은 근로자가 사업장에 편입된 것이다. 근로자의 고용보장 측면에서 보면, 수습은 정규직 근로자로서 가장 확고하고, 그다음이 시용이고, 채용내정이 가장 열악하다고 볼 수 있다.

V. 법률적 리스크

'실적우수자는 무기계약직으로 전환한다'고 채용공고에 따라 채용된 근로자들이 그 요건을 충족하였음에도 무기계약직으로의 전환을 거절한 것은 부당하다.

(서울고법 2016-09-28 선고 2015나2062553)

인사규정에 수습 기간의 적용을 선택사항으로 두더라도 근로계약을 체결하지 않았고 신규채용 시 관행적으로 수습 기간을 적용하였다면 수습근로자로 보아야 하고, 수습 기간 중 업무 부적격 등을 이유로 정식채용을 취소하였다면 정당하다.

(중앙노동위원회 2010부해436(2010-8-12))

부당노동행위 의사를 가지고 객관성이 결여된 부당한 평가를 실시하고 이를 근거로 인턴사원을 정규직으로 전환하지 않은 것은 부당노동행위 및 부당해고에 해당한다.

(중앙노동위원회 2015-08-04, 2015부해371/부노64병합)

수습 기간 중 그 기간을 단축하여 본채용을 거부한 것은 부당하다.

(중앙노동위원회 2006부해1009(2007-03-02))

수습 기간 중 낮은 업무수행 평가결과 등을 고려하여 본채용을 거부한 것은 사용자에게 유보된 해약권의 행사로서 정당하다.

(중앙노동위원회 2016부해77(2016-04-12))

수습 기간이 명시된 면접표와 서약서를 확인하고 서명한 경우의 수습 근로자 인정, 사용 평가 점수 저조 및 근태 불량을 이유로 한 사용 종결 (해고)은 정당하다.

(중앙노동위원회 2006부해313(2006-11-24))

행정인턴 채용 시 학력·나이 제한은 차별행위에 해당된다.

(국가인권위원회 2009-03-09 08진차1326)

영어회화 전문강사가 아닌 일반 강사로 채용되어 2년을 초과하여 근무 하였다면 기간의 정함이 없는 근로계약을 체결한 근로자로 전환된다.

(서울행정법원 2014.5.15. 선고 2013구합29551 판결)

노조에 가입한 수습 근로자 해고를 위해 비합리적인 평가 기준을 적 용해 본 계약 체결을 거부한 것은 부당노동행위에 해당한다.

(대법원 2008-12-11 선고 2006두13220 판결)

기간제법 적용 예외 기간 빼고도 2년 이상 고용했으면 정규직으로 전 환해야 한다.

(대법원 2016-12-29 선고 2016두52385 판결)

정규직으로 전환된 파견근로자의 호봉 산정 기준일은 직접 고용한 것으로 간주되는 시점이다.

(대법원 2016-06-23 선고 2012다108139 판결)

불법파견된 근로자도 2년 넘게 일했다면 직접 고용한 것으로 간주해야 한다.

(대법원 전원합의체[공2008하, 1463] 2008-9-18 선고 2007두22320)

신규고용촉진장려금의 지급요건인 실업기간을 산정함에 있어, 채용이 예정된 회사와의 사이에 근로계약이 체결되지 않은 상태에서 채용예정자의 신분으로 채용예정자 훈련을 받은 기간이 실업기간에 포함되어야 한다.

(서울행법 2008-5-23 선고 2008구합4824 판결)

연구프로젝트 사업 완료 후 고용한 기간제 근로자의 경우 사용 기간제한 예외사업에 해당하는 사유가 없거나 소멸되었음에도 불구하고 2년을 초과하여 기간제 근로자를 사용하는 경우에는 그 기간제 근로자는 기간의 정함이 없는 근로계약을 체결한 근로자로 간주된다.

(2007-06-26, 비정규직대책팀-2428)

입사 시 학력·경력을 은폐·위장하고 회사로부터 이력사항에 대한 신상기록카드 작성과 조사요구에도 불구하고 이를 부인한 자를 해고한 것은 정당하다고 한 사례이다.

(서울행법 2000-07-21 선고 2000구337 판결)

채용의 '333' 규칙[13]

직원을 채용할 때에는 감정을 배제하기 위하여 '333 규칙'을 염두에 두라고 충고하고 싶네. '필요한 자리에 최소한 3명의 후보를 선발하고, 면접관 3명이 3번에 걸쳐 면접을 한다!' 바쁜데 언제 그러고 있냐고 따지고 싶을 걸세. 하지만 자네의 임무는 직원을 까다롭게 채용하는 것이라는 것을 잊지 말게.

그리고 자네가 원하는 인물의 틀에 후보자를 억지로 짜 맞추지 말게. 과연 적임자인지 아닌지 확신이 서지 않는다면 과감히 탈락시키고 다시 새로운 사람을 찾게나. 충원에만 급급한 나머지 기준을 낮추는 일은 결코 없어야 하네. 그렇지 않으면 언젠가는 그 대가를 톡톡히 치르게 될 테니 말일세.

또 이 점을 잊지 말게. 면접 과정에서 만나는 후보자의 면면은 일단 채용되면 그 이상의 것을 기대할 수 없다는 점을 말이야. 물론 회사 생활하면서 더 많은 경험을 쌓겠지만, 면접 때 보여준 밝은 미소는 더 이상 밝아질 수 없고, 태도 역시 마찬가지네. 개인적인 용모 역시 더 나아지지 않을 것일세. 면접 때는 팀의 모든 일에 기꺼이 참여할 것 같은 열정을 보이겠지만 일단 채용된 후에는 그만큼의 열정을 기대할 수 없단 말일세. 어떻든 면접자는 잘 보이려는 데만 신경 쓰지 않나? 그러나 면접 때 보여준 모습이 최상의 모습이라는 것을 기억하게. 내 말을 믿어도 좋네. 다 경험에서 나온 말이니까. 다시 말하지만, 결원을 충원할 때는 절대로 기준을 낮추지 말게. 알겠나?

---

13 데이비드 코트렐(송경근), 『먼데이 멘토링』, 한언, 2007, P.140/142

제4장

직무관리

따뜻한 인사노무관리가 되기 위한 직무관리 활동은 신분전환을 동반하는 직무관리가 되어야 한다. 즉 직무관리는 직무를 효과적으로 수행되도록 해야 하고, 비정규직 근로자들에 대한 직무(직군)분리가 차별의 고착화를 위한 수단이 아닌 신분전환을 위한 돌파구가 되어야 한다. 또한, 비정규직 근로자들에게도 직무이동 관리가 필요하며, 그러한 배치전환은 정당하게 이루어져야 한다. 한편, 이러한 과정에서 법률을 위반하여 법적 분쟁 등이 발생하지 않도록 법률적 리스크도 관리해야 한다.

I. 따뜻한 인사노무관리의 시작은
직무관리부터이다

사업장은 자신의 목표를 달성하기 위해 존재한다. 그래서 사업장에서는 그 목표를 모든 구성원에게 배분하고, 구성원들은 직무활동을 통해 그 목표 성취를 위해 노력한다. 비정규직 근로자도 자신의 목표성취를 위해 직무활동을 하게 된다.

일반적으로 직무관리란 직무 목적을 달성하기 위하여 직무와 인력의 요건을 명확히 하고 동기부여 방안을 관리하는 활동이다. 그래서 비정규직 근로자의 직무관리는 비정규직 보호법에서 정한 차별금지 요건을 충족시키면서 근로자들의 동기부여를 강화하고 장기적인 관점에서는 정규직 근로자로 전환하는 데 기여하는 것이다. 따라서 비정규직 근로자들의 직무관리는 다음 세 가지 방향으로 관리되어야 한다.

첫째, 직무 목적 달성을 위한 직무와 인력 요건을 명확히 한다.

둘째, 단기적으로는 비정규직 근로자가 동기부여 하도록 직무설계한다.

셋째, 장기적으로는 고용 기간 2년이라는 고용불안을 최소화하고 정규직화 가능성을 높인다.

　그러나 사업장에서 비정규직 근로자들의 바람대로 모두를 정규직 근로자로 전환시키는 것은 불가능할 뿐만 아니라 바람직한 것도 아니다. 왜냐하면, 모두를 신분전환시키는 것은 인건비 부담을 늘어나게 하고 인력 낭비를 발생시킬 우려가 있기 때문이다. 그렇기 때문에 사업장의 직무특성이나 핵심가치와 맞지 않는 일부 직원들에게는 다른 기회가 주어질 수밖에 없다.

　따라서 비정규직 근로자의 신분전환은 모두를 정규직화하는 것이 아니라 장기적 관점에서 '소수 정예화'로 추진되어야 한다. 마치 물이 고여 있으면 안 되듯, 비정규직 근로자도 고착화되어서는 안 되고, 물이 흐르듯, 역량이 있고 조직 적응력이 뛰어난 근로자 중심으로 장기적 관점에서 점진적으로 신분전환이 이루어져야 한다.

　따뜻한 인사노무관리가 되기 위한 직무관리 활동은 〈그림 4-1〉에서 보는 바와 같이 신분전환을 동반하는 직무관리가 되어야 한다. 즉 직무관리는 직무를 효과적으로 수행되도록 해야 하고, 비정규직 근로자들에 대한 직무(직군)분리가 차별의 고착화를 위한 수단이 아닌 신분전환을 위한 돌파구가 되어야 한다. 또한, 비정규직 근로자들에게도 직무이동 관리가 필요하며, 그러한 배치전환은 정당하게 이루어져야 한다. 한편, 이러한 과정에서 법률을 위반하여 법적 분쟁 등이 발생하지 않도록 법률적 리스크도 관리해야 한다.

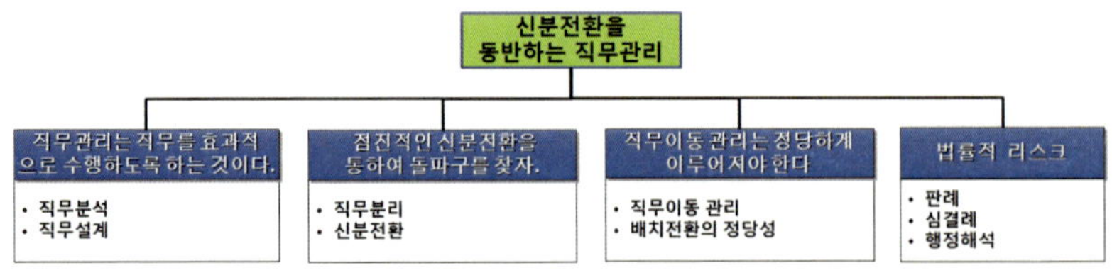

<그림 4-1> 직무관리 구조

사업장에서 직무관리 활동은 생각보다 복잡하다. 그래서 인사노무관리의 전문가가 있다고 해도 직무관리를 체계적으로 한다는 것은 쉽지 않다. 모든 업무를 조사하고 담당자들을 인터뷰하고 환경변화에 따라 직무 내용을 개정하는 작업이 높은 전문성을 요할 뿐만 아니라 많은 공수를 필요로 하기 때문이다.

그러나 비정규직 근로자들에 대한 직무관리는 그렇게 복잡하게 할 필요가 없다. 직무 목적을 명확히 하고 이를 수행하기 위한 활동 중심으로 간소하게 직무 프로파일을 작성하여, 이를 채용이나 평가 등 인사노무관리에 연계하여 활용하면 된다. 사업장에서 비정규직 근로자들은 많지 않고 업무도 복잡하지 않고 단순하므로 직무관리도 단순하게 이루어져야 한다.

II. 직무관리는 직무를 효과적으로
수행하도록 하는 것이다

사업장의 직무관리에는 사업장의 핵심전략이나 경영여건 등을 우선적으로 반영해야 한다. 그래서 사업장의 전략목표 달성을 위하여 비정규직 근로자들도 포함한 모든 구성원들이 일치된 노력을 보여야 한다. 이렇게 하여 조직의 경쟁력과 생산성이 향상 될 때, 비정규직 근로자들의 신분전환 여력도 확대된다.

비정규직 근로자들에 대한 신분전환을 동반하는 직무관리가 이루어지게 하기 위해서는 먼저 직무분석이 필요하다. 이러한 직무분석은 향후 직군 분리나 신분전환 및 직군 이동의 바탕이 되는 것이다. 그리고 비정규직 근로자의 단순하거나 보조적인 직무 특성에 비추어볼 때 동기부여를 강화하는 직무설계가 필요하다.

1. 직무분석

직무분석은 직무의 효과적 수행을 위한 특성과 해당 직무가 요구하는 자격요건 등을 분석하는 활동이다. 직무분석은 비정규직 근로자의 직무를 확인하고, 이를 수행하는 데 필요한 인적요건을 요약, 정리한 것이다. 비정규직 근로자의 직무관리는 직무기술서와 직무명세서를 통합한 직무 프로파일 형태로 간소하게 운영할 필요가 있다.

　직무 프로파일은 일에 대한 내용과 일을 수행할 사람의 역량을 요약 정리하는 형태이다. 일반적으로 일의 내용을 정리한 것을 직무기술서(Job Description)라고 하고, 일하는 사람의 요건을 정리한 것을 직무명세서(Job Specification)라고 하는데, 비정규직 근로자의 경우는 직무 내용이 복잡하지 않기 때문에 이 둘을 통합하여 <그림 4-2>처럼 직무 프로파일로 구성한다.

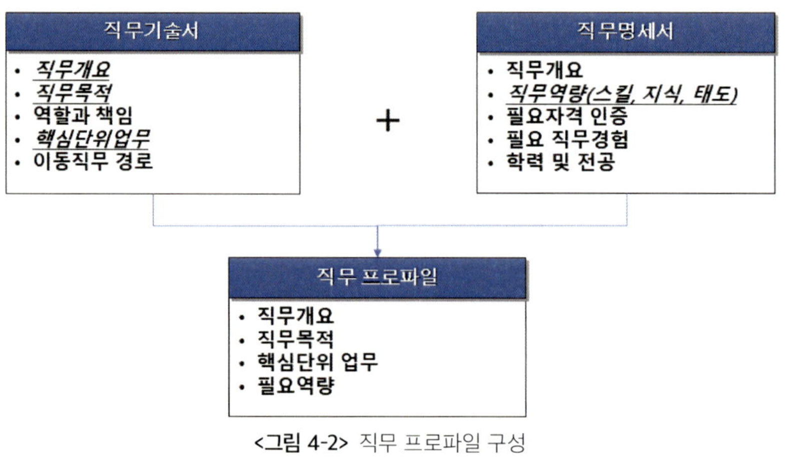

<그림 4-2> 직무 프로파일 구성

　직무 프로파일 작성 절차는 우선 직무 목적을 명확히 한다. 그리고 이를 달성하는 데 필요한 핵심단위 업무를 분석하고 이를 잘 수행하는 데 필요한 지식, 기술, 경험 등 필요역량을 확정한다. 직무 프로파일의 개념은 직무수행에 필요한 역량이 있으면 핵심단위 업무를 성공적으로 수행하게 되고 그러면 직무 목적을 달성하게 된다는 것이다. 따라서 직무 프로파일의 구성요소는 직무개요, 직무목적, 핵심단위 업무 및 필요 역량이다.

직무 프로파일 작성 예는 <그림 4-3>과 같다. 우선, 직무개요는 직무 명과 소속으로 구성된다. 직무목적은 직무활동을 통해서 회사 또는 조직목표에 기여하고자 하는 목적을 말한다. 핵심단위 업무는 직무목적을 달성하기 위한 핵심적인 업무요소와 이를 수행하기 위하여 필요한 활동들로 설정한다. 필요역량은 당해 직무를 성공적으로 수행하기 위하여 보유해야 할 지식, 기술, 경험, 태도 그리고 자격증을 기술한다.

직무 프로파일

1. 직무개요

직무명	행정지원직	소속	각 본부

2. 직무목적

부서장의 부서관리활동을 지원하고, 부서 전체 행정업무를 처리하며 또한 부서환경 정리 등의 업무 수행함으로써 부서장 및 부서원들이 본연의 업무에 집중할 수 있도록 기여한다.

3. 핵심단위 업무

① 부서장 지원 - 부서원들에 대한 실적관리 업무를 지원하고, 복사, MS업무, 자료검색 등을 수행한다. - 기타 부서장의 지시사항을 이행한다. ② 부서지원 - 주/월간 업무계획을 정리하고, 회의 준비, 부서행사, 문서 수발, 전표, 전화응대를 행한다. - 부서원의 출장비 계산 지급과 휴가, 외출 등에 따른 근태사항을 관리한다. ③ 부서 환경정리 - 부서에 필요한 사무용품을 관리한다. - 복사기, FAX 등 기기 고장시 총무팀에 연락하여 적절한 조치를 취하도록 한다.

4. 필요 역량

지식	기술	경험	태도	자격증
·부기 등 회계지식 ·전결규정 등 규정 숙지	MS Office 작성 능력	· 비서나 총무경력 · 전표작성/처리	협조성, 책임감, 커뮤니케이션	· 전산회계자격증 · 워드프로세스 자격증

<그림 4-3> 직무 프로파일 작성(예시)

이렇게 작성된 직무 프로파일은 채용, 성과관리, 평가, 승진, 교육훈련 등에 연계함으로써 인사노무관리 활동의 기반이 된다. 즉, 직무 프로파일에 정의된 역량을 갖춘 직원을 채용하고, 핵심단위 업무를 집중적으로 수행함으로써 성과를 달성하고, 그러한 성과를 평가하여 연봉과 승

진에 반영함으로써 직원들에게 그러한 직무와 직무역량에 관심을 갖도록 하는 것이다.

2. 직무설계

직무분석을 통하여 비정규직 근로자들이 수행할 직무 내용과 그 인적요건을 명확히 했다면, 그다음은 비정규직 근로자들이 그 직무를 효과적으로 수행할 수 있도록 직무 내용을 설계해야 한다. 비정규직 근로자들은 정규직 근로자들과 차별적 요소로 인해 일반적으로 사기저하는 물론이고 조직 몰입도가 낮고 수동적인 업무태도를 보이므로, 직무설계를 통한 동기부여가 절실하다.

직무설계란, 직무수행자에게 만족을 느낄 수 있도록 직무 내용과 수행방법을 조직하는 활동으로, '직무'를 '사람'에게 맞추는 작업이다. 비정규직 근로자들에게 창의적이고 생산적으로 일하게 동기부여 하도록 하는 대표적인 직무설계방법이 직무특성 모델(Job Characteristics Model, JCM)이다. JCM은 비정규직 근로자에게 업무를 수행하는 과정에서 책임감, 의미, 자율성을 느끼게 하고 성장 욕구까지 채워 준다.

JCM은 〈그림 4-4〉처럼, 핵심직무 차원이 주요 심리 상태를 유발하여 직원들을 동기부여하여 높은 성과와 품질, 직무 만족을 가져오게 한다는 것이다. 이때 성과는 직원의 성장 욕구의 강도에 비례한다.

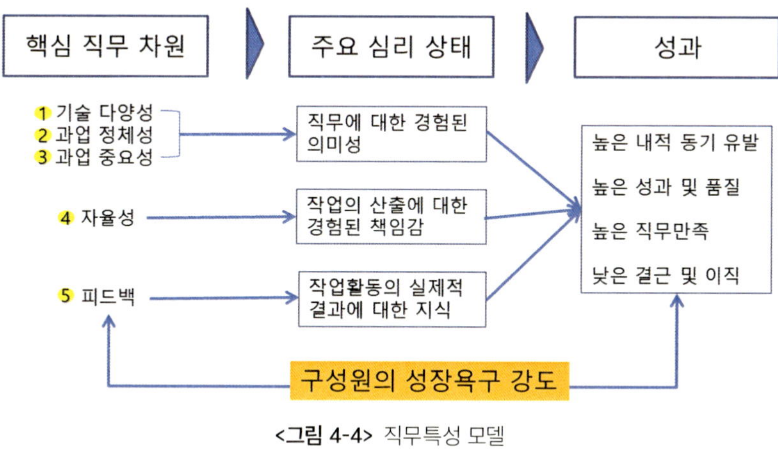

<그림 4-4> 직무특성 모델

기술 다양성(skill variety)

직무에 다양한 기술과 재능을 사용할수록 기술 다양성 차원은 높다. 비정규직 근로자가 자신의 다양한 능력 발휘가 가능하면 성취감과 일의 의미를 느끼게 되고 결국 직무만족과 높은 성과로 이어지게 된다.

과업 정체성(task identity)

수행 직무가 업무의 일부분이 아니라 독립된 전체 업무일수록 과업 정체성이 높다. 예를 들어, 총무 지원 직무의 경우, 단순히 부족 물품을 구매만 할 것이 아니라 구성원들의 기호를 고려하여 물품을 구매하고, 향후 만족도까지를 조사하여 물품구매 계획을 수립한다면 정체성이 높아진다.

과업 중요성(task significance)

과업 중요성은 수행 직무가 다른 사람에게 중요한 영향을 주는 정도

를 말한다. 사실 조직에서는 그 나름의 중요성을 가지고 있지 않은 직무
는 없다. 따라서, 비정규직 근로자들이 자신의 업무 중요성을 느낄 수
있도록 리드할 필요가 있다.

자율성(autonomy)

자율성은 직무를 수행할 때의 자유와 독립성을 말한다. 보조업무나
지원업무에 대한 지나친 통제를 삼가고, 그 업무수행 방법에는 자율성
범위를 넓혀줄 필요가 있다.

피드백(feedback)

피드백은 직무 수행 결과에 대하여 적절하게 달성했는지 등을 직접적
이고 분명하게 정보를 주는 것을 말한다. 비정규직 근로자는 경험이 부
족하고 미숙련 근로자이기 때문에 업무수행 결과에 대한 즉각적인 피드
백은 매우 중요하다.

결국, 비정규직 근로자의 직무를 설계할 때는 단순히 기능별로 직무
를 쪼개기보다는 직무를 수행하는 과정에서 동기유발 및 성과향상이
이루어지도록 기술 다양성, 직무 정체성 및 중요성을 느낄 수 있도록 설
계하는 것이 중요하다. 그리고 업무수행 과정에서 자율성을 보장하고
즉각적인 피드백도 해주는 것이 중요하다.

III. 점진적인 신분전환으로 돌파구를 찾자

비정규직 근로자들에 대해서 신분전환을 동반하는 직무관리가 되기 위해서 직무분석과 직무설계를 했다면 그다음은 직군분리가 필요하다. 이러한 직군분리는 비정규직 근로자들의 직군을 고착화시키는 것이 아니라 장기적으로 법률 분쟁에 대비하고 신분전환의 가능성을 높여주기 위한 것이다.

1. 직무(직군)분리

비정규직 근로자의 차별금지 문제에 대응하고 체계적인 인사노무관리를 하려면, 비정규직 근로자들의 업무를 분리하여 별도의 직군을 만들 필요가 있다. 이는 비정규직 근로자를 정규직 근로자로 바로 신분전환하지 못한다면 불가피한 방법이다. 판례에 따르면, 정규직 근로자와 비정규직 근로자의 합리적인 차별판단은 직무 성격을 기준으로 하기 때문이다.

일반적으로 사업장에서 비정규직 근로자의 업무는 지원·보조 직무나 단기성 직무이다(〈그림 4-5〉 참조). 다만, 변호사 등 전문직 직무는 근로조건 등이 정규직 근로자와 유사하기 때문에 핵심 직무에 준하여 취급하면 된다.

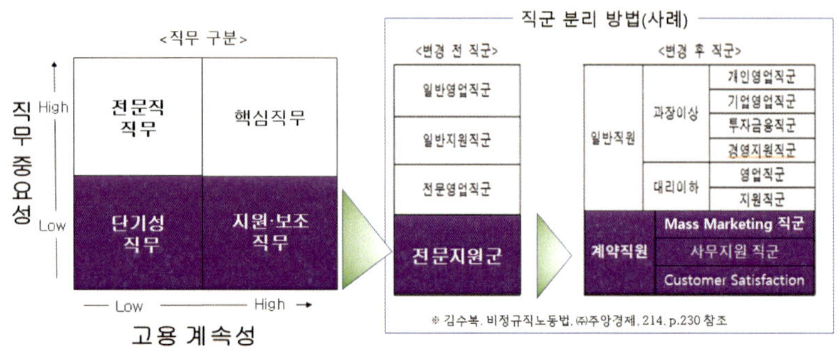

<그림 4-5> 업무 성격과 고용 계속성에 따른 직무구분 및 직군분리 사례

지원·보조 직무나 단기성 직무에 종사하는 비정규직 근로자들을 직군분리하는 방법은 <그림 4-5>의 사례와 같이 '계약직원'으로 분리하고 '계약직원' 내에서 직무 특성에 따라 다시 직군을 세분화한다. 이렇게 직군분리를 하게 되면, 정규직 근로자들과의 차별금지에 대한 대응은 물론이고, 비정규직 근로자들에 대한 성과관리, 인사평가, 승진, 보직관리 등 독자적인 인사노무관리도 가능해진다.

이러한 직군분리가 확대되면, 자회사 등 전문기업 설립도 가능해진다. 이렇게 별도의 전문기업으로 설립하게 되면, 고용보장은 가능하지만 그렇다고 당장 근로조건이 개선되는 것은 아니다. 임금 등 근로조건 개선은 사업장의 매출이나 생산성의 향상 없이는 불가능하기 때문이다. 그러나 전문기업에서는 사업장 특성에 맞는 직무관리, 전문 기술축적이나 고객사 확대 등을 통하여 매출이나 생산성 향상 가능성은 높일 수 있다. 따라서 전문 자회사 설립도 가능한 대안 중에 하나로 볼 수 있다.

2. 신분전환

비정규직 근로자를 위한 따뜻한 인사노무관리의 핵심은 신분전환을 동반하는 직무관리이다. 이러한 직무관리는 비정규직 근로자들의 고용안정과 동기부여를 위해 필요하지만, 기업의 입장에서는 글로벌 경쟁에 대응하기 위하여 정규직뿐만 아니라 비정규직 근로자들도 활용하는 다양한 인재전략 차원에서도 꼭 필요하다.

그래서 일반적으로 사업장에서 사용하고 있는 비정규직 근로자들의 신분전환 방법에는 <그림 4-6>에서처럼 사내 전환과 사외 전환이 있고, 이는 다시 네 가지로 구분된다. 기업에서 가장 일반적인 전환 방법은 비정규직 근로자로 채용한 후, 평가를 거쳐 정규직 근로자로 전환하는 경우이다.

<그림 4-6> 신분전환 방법

두 번째 전환 방법은 무기계약직 단계를 거쳐 정규직이 되는 경우이다. 이 같은 경우는 직무분리가 용이한 시중 은행에서 많이 활용하는 방법이다. 세 번째 전환 방법은 파견근로자를 기간제 근로자로 신분전환하고 다시 무기계약직과 정규직의 신분으로 전환하는 경우이다. 이 방법은 일부 사업장에서 비용절감 차원에서 이루어지고 있다. 네 번

째 전환 방법은 자회사나 협력회사를 설립(분사화)하여 정규직화하고 Outsourcing으로 활용하는 경우로 앞서 직군분리와 같은 것이다.

신분전환이 어떤 단계를 거칠 것인가는 그 사업장의 직무특성이나 경영여건, 노사관계에 따라 다를 수 있다. 경영실적이 양호하고, 비정규직 근로자와 정규직 근로자 간의 업무 차이가 없는 경우에는 첫 번째 방법을 사용하는 것이 가장 무난하다. 특히 우수인력 확보에 취약한 중소기업은 첫 번째 방법으로 우수인력들을 유인할 수 있다.

그러나 대부분의 사업장에서처럼 바로 정규직 근로자로 전환하기에는 경제적 부담을 느끼는 경우에는 무기계약직 등의 단계를 거쳐 정규직 근로자로 전환하는 방법을 고려할 수 있다. 이 경우, 비교적 긴 비정규직 기간이나 근로조건의 격차 등을 감안하여 합리적인 인사노무관리가 필요하다.

비정규직 근로자이지만 신분전환 대상이 되지 않는 근로자

비정규직 근로자로서 비정규직 보호법에 의거하여 정규직 근로자 전환대상자로 되려면 다음의 조건을 충족해야 한다. 사용자는 비정규직 근로자가 다음의 조건을 충족하지 않는 경우에는 정규직 전환 의무가 발생하지 않는다.

① 기업규모는 상시 5인 이상 근로자가 있는 사업장이어야 한다.
② 근무 기간은 한 사업장에서 2년 이상을 근로해야 한다.
③ 근로시간은 주 15시간(월 60시간) 이상을 근로해야 한다.
④ 근로자 연령은 55세 미만이어야 한다.

비정규직 보호법에서는 기간제 근로자의 고용 남용을 방지하기 위하여 사용 기간을 2년으로 제한하고 있다. 그런데 기간제 근로자를 2년을 초과해서 사용할 수 있는 예외적인 경우는 다음과 같다.

① 사업완료 또는 특정 업무 완성에 필요한 기간이 정해진 사업 종사자
② 휴직, 파견 근로자가 복귀할 때까지의 종사자
③ 학업, 직업훈련 등 이수 기간이 정해진 종사자
④ 55세 이상 고령자
⑤ 박사학위 소지자
⑥ 기술사 등급의 국가기술자격 소지자
⑦ 건축사, 공인노무사, 변호사, 의사 등 전문직 종사자
⑧ 정부의 정책에 따라 사회적으로 필요한 서비스를 제공하기 위한 일자리 종사자
⑨ 제대군인을 위한 일자리 종사자
⑩ 국가보훈대상자를 위한 일자리 종사자
⑪ 다른 법령에서 사용 기간을 달리 정한 종사자(기간제 교사, 영어회화 전문강사 등)
⑫ 군사 관련 종사자
⑬ 국가안전보장, 국방, 외교 등의 종사자
⑭ 고등교육법상 조교, 명예교수, 겸임교원, 시간강사, 초빙연구원 등
⑮ 관리직 및 전문직의 근로소득이 전문직 소득의 상위 25% 해당자
⑯ 1주 15시간 미만의 초단시간 근로자
⑰ 체육 선수 또는 지도자
⑱ 연구업무 종사자, 연구업무에 직접 관여하여 지원하는 자

IV. 직무이동 관리는 정당하게 이루어져야 한다

1. 직무이동 관리

비정규직 근로자는 일반적으로 직무 경험이 적고 미숙련 근로자이기 때문에 역량향상이 시급하다. 하지만 비정규직 근로자들은 지원·보조 또는 단기성 업무의 특성으로 사기가 낮고 역량향상 동기도 높지 않다. 따라서 비정규직 근로자에게는 사기저하 요인을 개선하고 신분전환에 필요한 역량을 갖추기 위해서 직무이동 관리가 필요하다.

직무이동 방법은 〈그림 4-7〉에서처럼 여러 가지 루트로 진행될 수 있다. 이러한 직무이동은 비정규직 근로자에게는 다양한 보직 경험으로 잠재역량을 개발하고 자신에게 가장 맞는 전문 업무 분야를 확인하게 하고, 사업장에는 각 부문 간의 협력을 용이하게 하고 인력운용의 유연성을 높인다.

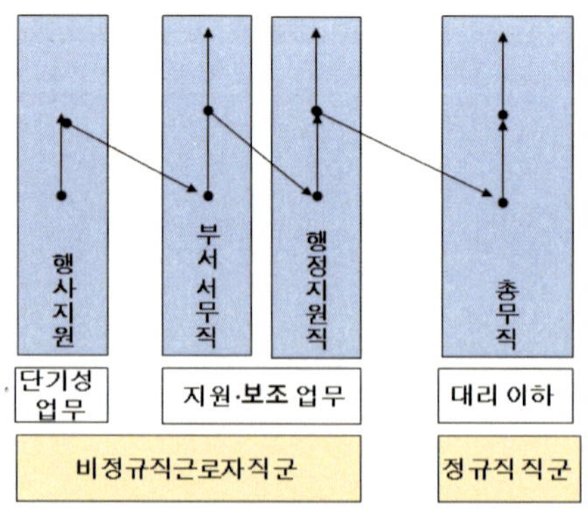

<그림 4-7> 직무이동 방법(예시)

그러나 사업장에서는 직무이동 관리가 효과적으로 이루어지지 않고 있다. 그 이유는 부서 이기주의로 각 부서에서 우수한 인력을 내놓으려고 하지 않기 때문이다. 실제 직무이동은 부서의 문제 인력을 방출하는 수단으로 이루어지고 있다.

직무이동 관리를 효과적으로 하기 위해서는 직무이동의 원칙을 명확히 하고 이를 철저히 준수해야 한다. 일반적으로 직무이동의 원칙에는 적재적소의 원칙, 인재 육성의 원칙, 그리고 보직 최소기간 원칙 등이 있다.

적재적소의 원칙

직무가 요구하는 기본 자격요건과 각 개인의 기본자격 및 적성을 고려하고 또한 가능한 본인의 희망과도 일치하도록 직무를 부여하는 것이다.

인재 육성의 원칙

직무이동은 경력을 개발할 귀중한 기회이므로 장래에 신분전환 등을 고려하여 인재를 육성한다는 계획 아래 체계적으로 추진되어야 한다.

보직 최소기간의 원칙

특정 직무에 보임되어 정상적인 업무수행 능력을 발휘하려면 최소한의 기간이 필요하다고 판단되기 때문에 '동일한 직무에 6개월 이상', 또는 '동일 소속 1년 이상' 근무를 원칙으로 설정할 필요가 있다.

2. 직무이동 관리의 정당성 요건

기업에서 직무이동, 즉 배치전환은 경영권에 속하므로 원칙적으로 상당한 재량이 인정된다. 그러므로 비정규직 근로자의 배치전환도 사업장의 필요에 따라 재량껏 할 수 있다. 하지만 배치전환에 대한 권한남용은 경계할 필요가 있다.

판례에 따르면, 정당한 권한 행사 여부를 <그림 4-8>처럼 업무상 필요성과 근로자 생활상의 불이익을 비교하여 판단하고 있다. 즉 정당한 배치전환은 업무상 배치 변경의 필요성이 인정되고, 구성원 선택에도 합리성이 있어야 한다. 반면, 배치전환이 근로자가 통상 감수할 수 있는 수준을 현저하게 벗어나서 업무수행 관련 불이익을 주거나 규정상의 동의 또는 협의 절차를 무시한 경우 등은 권한남용으로 판단하고 있다.

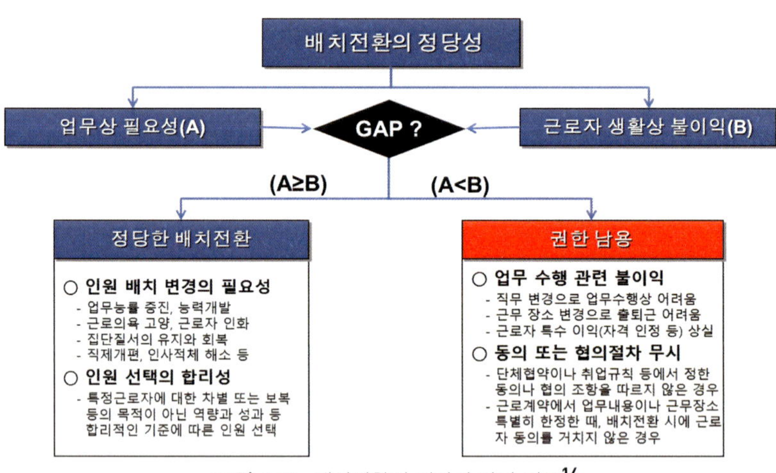

<그림 4-8> 배치전환의 정당성 판단 기준[14]

---

14 정학용 외 1명, 『리스크 매니지먼트』

따라서 비정규직 근로자들에 대한 직무이동 시에 인원 배치 변경의 필요성이 있어야 하고 그 대상자 선택에도 합리성이 있어야 한다. 비정규직 근로자라고 해서 업무 수행과 관련하여 불이익을 주기 위해서 직무이동을 하거나 직무이동에 대한 동의나 협의 절차를 무시해서는 안 된다.

V. 법률적 리스크

　채용계약 당시 정한 업무와는 다른 업무를 맡긴 뒤 업무수행 능력이 부족하다는 이유 등으로 전임 계약직 공무원을 해고한 지방자치단체장의 처분은 위법하다.

(부산지법 2012-9-7 선고 2012구합653 판결)

　산업재해보상보험법상의 업무상의 재해라 함은 업무수행 중 그 업무에 기인하여 발생한 재해를 말하는바, 근로자가 타인의 폭력에 의하여 재해를 입은 경우, 그것이 직장 안의 인간관계 또는 직무에 내재하거나 통상 수반하는 위험의 현실화로서 업무와 상당인과관계가 있으면 업무상 재해로 인정하되, 가해자와 피해자 사이의 사적인 관계에 기인한 경우 또는 피해자가 직무의 한도를 넘어 상대방을 자극하거나 도발한 경우에는 업무기인성을 인정할 수 없어 업무상 재해로 볼 수 없다.

(대법 995-01-24 선고 94누 8587 판결)

　공무상 재해에는 직무상의 과로로 유발 또는 악화되는 질병도 포함된다.

(대법 1974-11-12 선고 74누 94 판결)

　질병(부상)의 주된 원인이 공무와 직접 관련이 없다 하더라도 직무상의 과로가 겹쳐서 질병(부상)을 악화시켰다면 인과관계가 있다고 보아야 한다.

(대법 1989-10-24 선고 89누 121 판결)

당초 채용공고와 달리 전문성을 요하는 번역 업무 등으로 변경하면서 이에 필요한 전문교육이나 배치전환 등의 실질적 노력 없이 일방적으로 평가하여 직위 해제한 것은 부당하며, 직위해제가 유효함을 전제로 한 당연면직 처분도 부당하다고 판정한 사례

(중앙노동위원회 2016-4-18. 2016부해2·135병합)

업무상 필요성보다는 생활상의 불이익이 더 크고 배치전환 과정에서 근로자와 협의를 하는 등 신의칙상 요구되는 절차도 거치지 아니하였기에 배치전환은 부당하다.

(2007.9.6. 선고 2007구합4759 판결)

자신의 지적능력이나 학력, 전공분야 등에 부적합한 보직을 부여받은 데에 따른 스트레스와 누적된 과로가 뇌출혈의 발병원인이 되었다고 보아 뇌출혈을 업무상 재해로 인정한 사례

(서울행법 2008-5-28 선고 2007구단5632 판결)

업무상의 필요성과 전보 등에 따른 근로자의 생활상의 불이익을 비교·교량하고, 근로자 측과의 협의 등 그 전보처분 등의 과정에서 신의칙상 요구되는 절차를 거쳐 근로자에게 행한 전보발령은 부당하다고 볼 수 없다.

(경남지노위 2007-02-16 2006부해223)

비교 대상 근로자와 달리 업무 권한, 책임 및 근속 연수의 차이가 있어 기준급, 직무급의 불합리한 처우에 합리적 이유가 있고, 성과상여금과 설·추석상여금을 지급하지 아니하거나 적게 지급한 것은 차별적 처우에 해당한다고 판정한 사례

(중앙노동위원회 2010-11-28 2010차별15)

대기발령 이후 3월 이상 직위 또는 직무를 부여받지 못했다는 이유로 인사위원회를 거치지도 않고 면직 처분한 것은 부당하다.

(서울행법 2004-10-26 선고 2004구합16034 판결)

직무태만으로 전보 조처된 근로자가 이후에도 업무처리 지연 및 유기, 상사지시 불응 등으로 민원을 야기하고 학교의 신용 및 이미지에 손상을 입혔다면 해고는 정당하다는 사례

(서울행법 2005-12-02 선고 2005구합13629 판결)

비위 행위가 직무상 의무를 위반·태만한 경우라도 근로계약관계를 지속하기 어려운 정도가 아니라면 부당해고라고 한 사례

(서울행법 2002-04-23 선고 2001구38810 판결)

파업 후 업무에 복귀한 노조원들을 업무상 필요성과 협의도 없이 한 전보는 부당하다.

(서울고법 2016-09-28 선고 2015나2043064 판결)

재미없는 일을 효과적으로 시키는 방법

사업장에는 늘 새롭고 재미있고 의미 있는 업무만 있는 것이 아니다. 오히려 단순하고 반복적인 업무가 더 많다. 특히 비정규직 근로자의 업무는 더욱 그러하다. 하지만 단순·반복적이고 재미없는 일을 의미 있고 열정적으로 하는 방법이 있다. '자기결정성 이론'을 발표하기도 한 로체스터 대학교 사회심리학 교수인 에드워드 데시의 주장에 귀 기울여 보자.[15]

재미없는 과제를 왜 해야 하는지 설명할 필요가 있다

아이들에게 장난감을 치우라고 할 때는 왜 그래야 하는지 이유를 설명해야 한다. 이러한 설명은 내적 동기를 자극하게 된다.

사람들이 그 과제를 하고 싶어 하지 않을 수도 있다는 점을 염두에 두어야 한다

아이들에게 자리를 정돈하라고 자율성의 한계를 정해줄 때는 아이의 감정을 인정하는 것이 무엇보다 중요하다는 사실이 드러났다. 즉 감정을 인정하는 것이 중요하다. 우리는 감정을 인정하는 것이 피험자들이 재미없는 행동의 규칙을 통합하게 하는 데 도움이 될 거라고 보았다.

자율성으로 참여를 이끌어낸다

아이가 장난감을 치우는 데 자율성을 느낄 수 있도록 한다. 이는 장난감을 치울 때 그 방법이나 시기를 전적으로 아이에게 맡기면 된다. 예를 들면, "언제까지 장난감을 치울 거니?"라고 묻고 그대로 인정해준다.

---

15 에드워드 데시(이상원), 『마음의 작동법』, 에코의서재, 2012, p.134~135

제5장

성과관리

따뜻한 인사노무관리가 되기 위한 성과관리는 코칭 중심의 성과관리가 이루어져야 한다. 이러한 코칭 중심 성과관리의 목적은 목표달성과 역량향상이 되어야 하고, 주로 결재시간을 이용하여 코칭이 이루어져야 한다. 성과관리를 위해서 취업규칙을 변경할 때, 효과성을 높이기 위해서 비정규직 근로자의 참여가 필요하다. 한편, 이러한 과정에서 법률을 위반하여 법적 분쟁 등이 발생하지 않도록 법률적 리스크도 관리해야 한다.

I. 비정규직 근로자의 성과관리는
코칭 중심이 되어야 한다

사업장은 성과창출을 위해 존재한다. 성과가 없으면 경영활동에 따른 위험을 보상할 수 없고, 미래 성장을 위한 투자도 불가능하다. 이러한 성과창출은 조직 구성원들이 각자 자신에게 주어진 목표의 달성을 통해서 이루어진다. 그래서 성과관리는 기업경영의 본질적인 요소이다.

성과관리는 리더가 구성원들에게 전략목표를 달성하고 있는지에 대해 정기적으로 코칭을 제공하는 활동이다. 사업장의 구성원은 상위의 전략목표 달성을 위하여 연초에 합의를 통해 개인 목표를 설정하고, 이를 실행하게 된다. 그리고 리더는 분기 또는 반기에 개인별 목표달성 정도를 중간 점검하고, 그 결과 미흡한 사항에 대해서 코칭을 제공한다.

성과관리 개념은 어렵지 않지만, 성과관리를 잘하는 기업은 실제 그리 많지 않다. 비정규직 근로자들에 대한 성과관리는 더더욱 신경을 못 쓰고 있다. 그러나 사업장에서 비정규직 근로자를 활용하는 궁극적인 목적은 성과향상에 있기 때문에, 성과관리 프로세스를 비정규직 근로자에게도 적용할 필요가 있다.

하지만 비정규직 근로자의 성과관리에는 그의 특성이 고려되어야 한다. 비정규직 근로자들은 대체로 전문성이나 숙련도가 낮은 점을 감안하면 간소한 성과관리가 필요하다. 또한, 이들은 조직 몰입도도 낮기 때문에 코칭의 주기는 더 잦아야 한다.

　따뜻한 인사노무관리가 되기 위한 성과관리는 〈그림 5-1〉처럼 코칭 중심의 성과관리가 이루어져야 한다. 이러한 코칭 중심 성과관리의 목적은 목표달성과 역량향상이 되어야 하고, 주로 결재시간을 이용하여 코칭이 이루어져야 한다. 성과관리를 위한 취업규칙을 변경하게 할 때, 효과성을 높이기 위해서 비정규직 근로자의 참여가 필요하다. 한편, 이러한 과정에서 법률을 위반하여 법적 분쟁 등이 발생하지 않도록 법률적 리스크도 관리해야 한다.

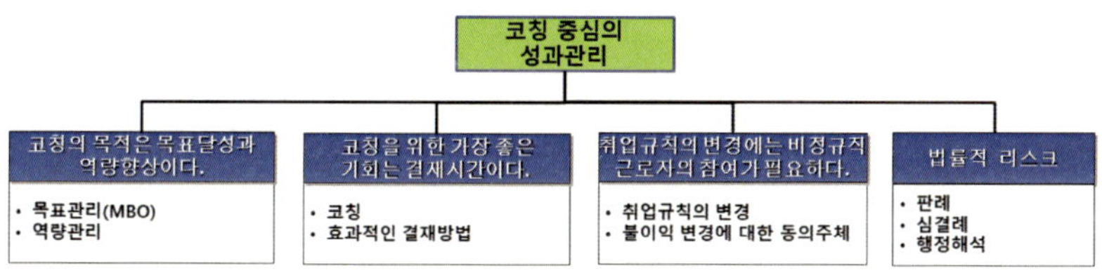

<그림 5-1> 코칭 중심의 성과관리 구조

II. 코칭의 목적은 목표달성과 역량향상이다

사업장 구성원들의 업무성과는 〈그림 5-2〉에서 보는 바와 같이 목표수준과 전문성 그리고 태도의 함수이다. 목표수준이 높고, 전문성이 우수하고 열정적인 태도를 가지고 있으면 성과는 높아질 수밖에 없다.

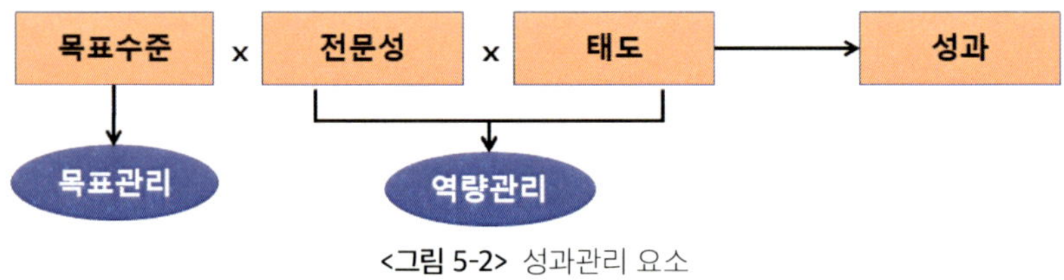

<그림 5-2> 성과관리 요소

따라서 비정규직 근로자의 성과관리는 목표수준 관리와 전문성 및 태도 등 역량 향상이 이루어지도록 하는 것이다.

1. 목표관리(MBO, Management By Objectives)

성과관리가 사업장 목표를 달성하도록 체계적으로 관리하는 것이라면, 그것을 관리하는 방법이 목표관리제도(MBO, Management By Objectives)이다. MBO는 그 기업목표를 부문별, 팀별, 개인별로 배분하고 조직 구성원들이 실현할 수 있도록 체계적으로 관리하는 활동이다. MBO는 성과관리 활동에서 가장 중요한 요소이다.

MBO는 다른 인사노무관리와 조화를 이룰 때 잘 작동한다. 사업장의 성과향상은 목표달성의 결과이고, 그 목표달성은 목표설정으로부터 출발하고, 그 목표설정은 개인별 직무를 바탕으로 한다. 그래서 MBO의 효과성은 직무관리 수준에 비례한다.

비정규직 근로자의 MBO는 직무 프로파일을 바탕으로 한다. 직무 프로파일의 핵심단위 업무를 어떻게 달성할 것인가를 정하는 것이 비정규직 근로자의 MBO 내용이다. 비정규직 근로자의 MBO 프로세스는 <그림 5-3>처럼 목표설정, 목표면담, 목표실행 및 목표달성으로 진행된다. 그리고 이러한 목표관리 프로세스 전 과정에서 리더의 코칭이 수시로 일어나게 된다.

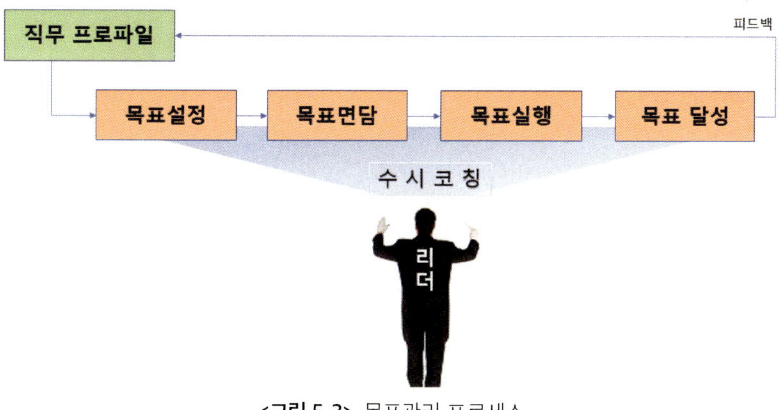

<그림 5-3> 목표관리 프로세스

2. 목표설정

비정규직 근로자의 성과향상에는 두 가지 방법이 있다. 하나는 본래 주어진 기본업무를 잘 수행하는 것이고 다른 하나는 기본업무를 잘 개선하는 것이다. 따라서 비정규직 근로자의 목표 구분은 기본업무와 개선업무로 한다.

기본업무와 개선업무의 목표 내용을 설정하기 위해서는 직무 프로파일을 활용해야 한다. 기본업무는 <그림 5-4>에서 보듯이 직무 프로파일의 핵심단위 업무를 그대로 사용하면 된다. 하지만 개선업무는 직무 목적이나 핵심단위 업무를 효과적으로 달성하고 부서 전략목표 달성에 기여하도록 개선 마인드를 가지고 설정해야 한다.

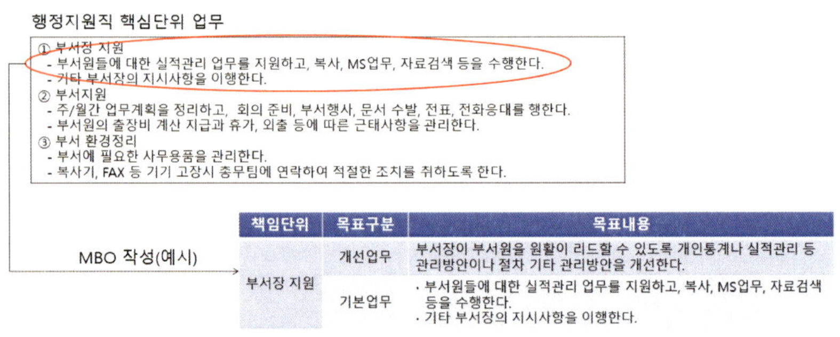

책임단위	목표구분	목표내용
부서장 지원	개선업무	부서장이 부서원을 원활이 리드할 수 있도록 개인통계나 실적관리 등 관리방안이나 절차 기타 관리방안을 개선한다.
	기본업무	· 부서원들에 대한 실적관리 업무를 지원하고, 복사, MS업무, 자료검색 등을 수행한다. · 기타 부서장의 지시사항을 이행한다.

<그림 5-4> 개선업무과 기본업무 작성(예시)

하지만 이러한 목표설정은 사전에 이루어져야 한다. 비정규직 근로자의 업무는 대부분 지원 또는 보조로 이루어지기 때문에 업무 결과(KPI)를 사전에 정량화하기는 쉽지 않다. 그래서 많은 사업장에서는 사전 목표수립절차를 생략하고 수행결과를 사후적으로 제출받아 평가하곤 한다. 하지만 정성적 목표라도 사전에 자신의 목표를 설정하도록 해야 한다. 그래야 자신의 업무를 수행하는 과정에서 문제의식과 개선 마인드가 발휘되기 때문이다.

3. 목표면담 및 목표실행

MBO에서 목표면담은 중요하다. 리더가 비정규직 근로자에게 사업장이 원하는 것이 무엇인지, 또한 기대수준은 어떤 것인지를 알려주기 때문이다. 그리고 목표달성을 위해서 비정규직 근로자가 어떤 역량을 개발해야 하는지 등에 대해서도 의견을 나누게 된다.

리더는 목표면담 과정에서 〈그림 5-5〉의 MBO 계획서를 가지고 비정규직 근로자가 설정한 목표수준이 합리적인지 또는 실현 가능성이 있는지를 점검하게 된다. 부서 특성상 필요 시 평가항목 및 가중치의 조정이 이 단계에서 일어난다.

MBO 계획서

대상기간	소속	성명	부서장
'18.1.1~'18.6.30	관리본부 총무팀	이 행정	(인)

책임단위	기본업무(40%)	업무개선(60%)	가중치
부서장 지원	· 부서원들에 대한 실적관리 업무를 지원하고, 복사, MS업무, 자료검색 등을 수행 · 기타 부서장의 지시사항 이행	부서장이 부서원을 원활이 리드할 수 있도록 개인통계나 실적관리 등 관리방안이나 절차 기타 관리방안 개선	40%
부서원 지원	· 주/월간 업무계획을 정리, 회의 준비, 부서행사, 문서 수발, 전표, 전화응대 · 부서원의 출장비 계산 지급과 휴가, 외출 등에 따른 근태사항 유지	직원들이 본업에 몰입할 수 있도록 문서 수발 프로세스 개선	30%
부서 환경 정리	· 부서에 필요한 사무용품 관리 · 복사기, FAX 등 기기 고장시 총무팀에 연락하여 적절한 조치를 취함.	부서 사무용품 보관방법을 개선하여 쾌적한 사무환경 조성	30%
합계	-	-	100%

<그림 5-5> 행정지원직의 MBO 계획서 작성(예시)

면담절차는 비정규직 근로자가 자신의 책임단위 업무의 기본업무와 개선업무를 설명하고, 부서장은 개선업무의 수준을 높이거나 아이디어를 보태어 더욱 구체성을 띠도록 한다. 이러한 커뮤니케이션은 상하 간의 이해 폭을 넓히는 계기가 되고, 비정규직 근로자는 업무추진 동기가 활성화되고, MBO에 대한 수용도도 높아진다.

비정규직 근로자는 목표면담으로 확정된 MBO 계획서에 의거하여 목표를 실행한다. 목표실행 도중에 장애물이나 돌발 상황이 발생하면, 비정규직 근로자는 언제든지 리더의 코칭을 활용하도록 한다.

4. 역량관리

비정규직 근로자에게 역량 향상은 축구선수에게 골 넣는 기술과 같다. 비정규직 근로자는 숙련도나 전문성이 낮기 때문에 역량 향상 없이는 사업장 구성원으로서 맡은바 역할을 제대로 수행할 수 없다. 따라서 부서의 전략목표 달성을 위해서는 비정규직 근로자들의 역량향상이 반드시 필요하다.

역량(Competency)의 개념은 〈그림 5-2〉에서 보는 바와 같이, 전문성과 태도를 가리킨다. 구체적으로는 우수 성과자가 특정한 업무 상황에서 보이는 지식이나 스킬 또는 태도이다. 예를 들면, 축구나 야구 등 스포츠 세계에서 두각을 나타내고 있는 선수들의 공통점은 팀워크, 기술, 체력 등이다. 이러한 점은 보통 성과자와 다른, 우수한 성과자만의 특성인데, 이것이 바로 '역량'이다. 따라서 역량은 성과와 관련된 행동이며 조직전략과도 연계된 행동이다. 이러한 역량들의 집합이 역량모델링이다.

역량모델링은 일반적으로 리더십 역량, 직무역량 및 공통역량으로 구성된다. 하지만 비정규직 근로자는 <그림 5-6>처럼 리더십 역량은 제외하고, 직무역량과 공통역량으로 운영하면 된다. 이때 직무역량은 해당 직무를 수행하는 데 요구되는 업무능력, 지식, 태도 등이고, 공통역량은 전 직원이 공통으로 보유해야 할 역량으로 사업장의 핵심가치 근간으로 정의되는 역량이다.

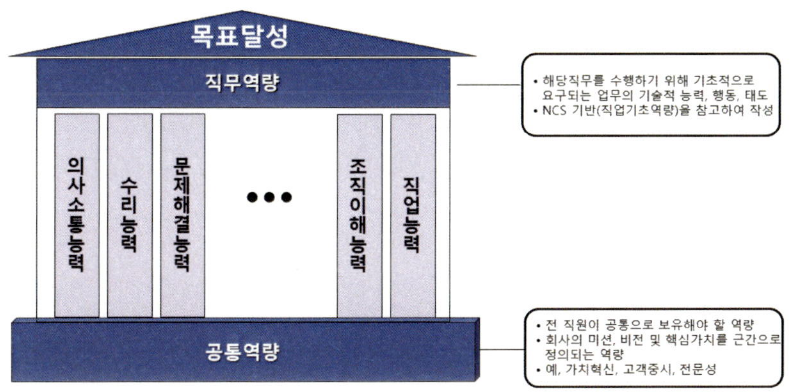

<그림 5-6> 비정규직 근로자의 역량모델링

역량의 중요성은 사업장 구성원들의 행동을 통일시키는 데 있다. 예를 들면, "지금 바빠요?"라는 동료의 질문에 반응하는 방법은 공통역량에 의해 결정된다. 즉 협동심이 공통역량으로 되어 있다면 "예, 바빠요"라는 대답 대신에 "뭘 도와 드릴까요?"라는 반응이 나올 것이다.

역량모델링은 성과관리뿐만 아니라 채용, 평가, 승진 등 인사노무관리 도구로도 유용하다. 특히 해당 직무에 필요한 지식/기술/태도/능력 등이 무엇인지를 알려주는 동시에, 어떤 행동이 높은 성과(High performance)를 달성하는지도 알려주기 때문에 자기계발 자료로도 유용하다.

성공한 기업들은 구성원들과 역량을 잘 공유한다는 특징이 있다. 구성원들에게 역량을 내재화시키고, 이를 행동으로 실천하게 함으로써 아무리 어려운 환경에서도 역량를 유지하고 있다. 정규직 근로자와 마찬가지로 비정규직 근로자도 역량를 공유하고 실천해야 한다.

Ⅲ. 코칭을 위한 가장 좋은 기회는 결재시간이다

1. 코칭

비정규직 근로자들에게 코칭은 마른 땅에 단비처럼 중요하다. 이들은 미숙련자가 많고 업무 경험이 부족하기 때문에 성과관리 과정에서 코칭을 통하여 이를 극복해야 한다. 리더는 비정규직 근로자들이 당초에 계획한 MBO의 내용들을 제대로 수행하고 있는지 또는 장애요인은 잘 극복하고 있는지 등에 대해서 평소 모니터링을 하고 적극적인 관심을 가지고 지원해야 한다.

코칭이란 개인의 목표를 성취할 수 있도록 자신감과 의욕을 고취시키고, 능력과 잠재역량을 최대한 발휘할 수 있도록 지원하는 활동이다. 코칭이 필요한 시기는 비정규직 근로자들이 원할 때 언제든지 가능하지만, 다음의 경우에 코칭을 하면 효과적이다.

① 새로운 업무나 직책를 부여받았을 때
② 목표를 정할 때나 업무계획을 세울 때
③ 프레젠테이션이나 중요한 미팅을 하기 전에

코칭은 비정규직 근로자에게 지시하고 명령하기보다는 적절한 질문을 통하여 스스로 답을 찾아갈 수 있도록 도와주는 매니지먼트 기법이자 교육기법이다. 코칭은 〈그림 5-7〉처럼 '모니터링 → 인터뷰 → 피드백'

으로 진행하는 것이 효과적이다.

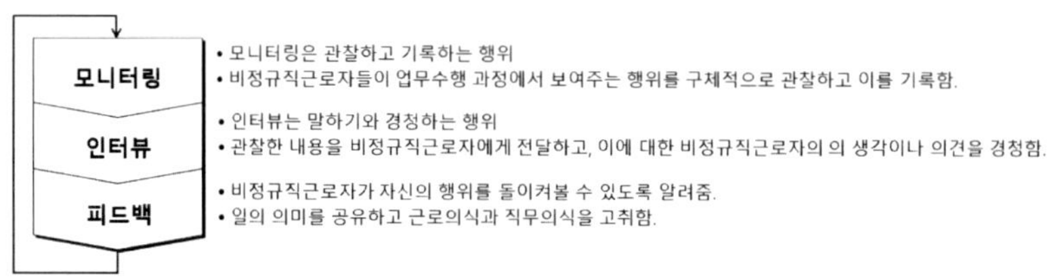

<그림 5-7> 코칭 프로세스

그러나 권위적인 조직문화가 강한 우리 사업장에서는 '모니터링 → 인터뷰 → 피드백'하는 경청 중심의 코칭 프로세스보다는 '관찰 → 무 경청 → 지시'하는 지시적 코칭에 익숙하다. 예를 들면 "어떤 것을 하실 수 있습니까"라고 묻기보다는 "고객의 말을 먼저 경청하세요!"처럼 지시적 코칭을 주로 사용한다. 이렇게 되면 비정규직 근로자는 잠재역량 향상의 기회를 상실하게 된다.

성공적으로 코칭을 운영하기 위해서는 경청 코칭을 해야 한다. 평소 대상자를 유심히 모니터링하고, 코칭 과정에서 적절하게 질문하고 경청하는 것이다. 이런 과정에서 비정규직 근로자들이 열정이나 창의력 등 잠재역량들이 분출하게 된다.

특히, 코칭 과정에서 중요한 것은 리더의 오픈 마인드다. 비정규직 근로자들과 적극적으로 업무수행 방법이나 애로사항에 대해 경청하고 토의하는 것이다. 이러한 프로세스를 통하여 비정규직 근로자들은 긍정적인 근로의식과 직무의식이 강화된다.

2. 효과적으로 결재방법

리더는 늘 바쁜 사람들이다. 고객을 만나고, 경영회의에 참석하고, 타 부서와 업무 협의하고, 직원들과 커뮤니케이션 하는 등 업무를 수행하는 데 시간이 부족하다. 이러한 활동 중에서 가장 중요한 것이 '결재시간'이다. 이때 사업장의 중요 문제에 대한 의사결정이 이루어질 뿐만 아니라 코칭을 할 수 있기 때문이다. 어떻게 하면 효과적으로 결재시간을 활용할 수 있을까?

결재활동은 사업장의 본원적 업무처리와 소통이 이루어지는 시간이다. 리더는 비정규직 근로자와 공식적으로 마주하여 비전이나 철학을 전달하기도 하고, 비정규직 근로자의 태도나 장단점을 파악할 수도 있다. 또한, MBO의 진척상황이나 문제점 그리고 애로사항을 확인할 수 있는 등 코칭을 하기에 가장 안성맞춤인 시간이다.

그러나 우리 사업장에서 이루어지는 결재의 모습은 이러한 활동과 사뭇 다르다. 결재 자리는 부서장의 권위를 세우는 자리이다. 결재하는 자리는 잘못을 질책하고 책임을 추궁하는 자리이지 경청하고 피드백을 위한 코칭 자리가 아니다. 그렇기 때문에 권위적인 조직문화에서, 결재시간은 부하 직원에게 아주 부담스러운 자리이다.

이런 결재시간을 효과적으로 전환하는 방법은 코칭 중심으로 운영하는 것이다. 그것은 다음 두 가지를 질문하고 경청하여 피드백하는 것으로 충분히 효과가 있다.

첫째는 개선사항에 대한 질문이다. 예를 들면, "이 결재가 지난번 것과 비교할 때, 개선된 내용이 뭐지요?", "왜, 이런 식으로 하죠?", "다른 방법은 없습니까?" 그리고 "이를 위해 필요한 역량이 무엇이죠?"라고 질문을 하는 것이다. 이 질문의 효과는 강력하다. 이것만 늘 질문하더라도 비정규직 근로자들은 보고서를 올릴 때 변화와 개선을 생각하지 않을 수 없고 또한 역량개발에 신경을 쓰지 않을 수 없다.

둘째는 존중하는 조직 분위기와 행복한 직장을 만들기 위한 질문이다. "만족스러운 것이 무엇이죠?", "불안사항은 무엇입니까?", "권한이 주어진다면 무엇을 고치고 싶습니까?"라는 질문을 하는 것이다. 그래서 비정규직 근로자의 의견을 반영하여 불필요한 것은 없애주고 개선하는 모습을 보여주어야 한다.

리더는 결재시간을 효과적으로 활용해야 한다. 비정규직 근로자와 비전을 공유하고, 질문하고 경청하는 등 경청 중심의 코칭이 일어나도록 해야 한다. 지시적 코칭이 일어나서는 안 된다. 이제 결재시간은 코칭 리더십 발휘의 온상이 되어야 한다.

IV. 취업규칙의 변경에는
비정규직 근로자의 참여가 필요하다

1. 취업규칙의 변경

사업장에서 성과관리제도를 도입하려면 취업규칙을 개정해야 한다. 이를 위해서는 규정화 작업이 있어야 하고, 사업장 구성원들의 의견 청취도 필요하고 고용노동부에 신고도 하여야 한다. 성과관리제도는 이러한 절차를 거쳐야 온전한 하나의 취업규칙이 된다.

취업규칙이란 사업장에서 근로자들을 통일적으로 규율하는 기준으로서, 일반 사업장에서는 이를 사규 또는 규정이라고 칭하고 있다. 따라서 사업장에서 존재하는 인사규정, 급여규정, 퇴직금 규정 등이 모두 취업규칙인 것이다.

10인 이상 근로자를 고용하고 있는 사업주는 취업규칙을 작성하여 근로자들의 의견을 첨부하여 고용노동부에 신고하여야 한다. 그리고 취업규칙을 개정하거나 추가하는 등 변경이 일어날 때도 사업장의 근로자 과반수(근로자의 과반수로 조직된 노동조합이 있는 경우에는 그 노동조합)의 의견을 청취하여야 한다. 특히 취업규칙의 내용이 기존보다 불이익하게 변경되는 경우에는 근로자 과반수(근로자의 과반수로 조직된 노동조합이 있는 경우에는 그 노동조합)의 동의를 얻어서 신고해야 한다.

비정규직 근로자에게만 적용되는 취업규칙의 개정은 이로 인하여 향후 유리한 직원도 발생하고 불리한 직원도 발생하게 되므로, 판례는 이를 불리하게 변경된 것으로 보고 비정규직 근로자 과반수의 동의를 얻어야 효력이 발생하는 것으로 판시하고 있다.

노사가 임금피크제 도입에 합의했더라도 계약직 근로자에게 동의 없이 적용하는 것은 무효이다.[16]

별도로 비정규직 근로자에게 적용되는 취업규칙이 없거나 비정규직 근로자가 정규직 근로자와 동일한 취업규칙에 적용받는 경우, 비정규직 근로자에게 불이익하게 변경되는 경우에는 비정규직 근로자만이 아니라 전체 구성원의 과반수 동의를 얻어야 취업규칙 변경의 효력이 발생하게 된다.

한편, 취업규칙에 명시적으로 비정규직 근로자의 적용을 배제하거나, 취업규칙에 비정규직 근로자에게 달리 적용하는 규정을 둔 경우에는 취업규칙에 명시된 규정을 따르면 된다.

2. 불이익 변경에 대한 동의 주체

취업규칙 불이익 변경 시 노동조합의 대표권을 갖지 못하는 과장급 이상 근로자에게만 적용할 경우 취업규칙의 동의·의견 청취 주체가 누

---

[16] 서울중앙지법 2017-2-9 선고 2016가합511776 판결

구인지 여부에 대해서 행정해석(근로개선정책과-117, 2015-01-07)은 다음과
같다.

임금 지급방식이나 체계를 바꾸는 것은 원칙적으로 경영판단에 속하
는 사항으로서 일률적으로 근로조건의 불이익 변경으로 볼 수 없으나
근로자의 임금 삭감을 목적으로 하거나 임금의 안정성을 현저히 훼손
하는 경우에는 취업규칙의 불이익한 변경에 해당한다고 볼 수 있다.

사업주가 일방적으로 연 공급형 임금체계를 성과주의 임금체계로 변
경하는 것이라면 임금의 안정성을 낮추어 근로조건의 불이익한 변경에
해당할 소지가 있으나,

① 근로자에게 차별 없이 공정한 기회를 보장하는 명확하고 합리적
   인 임금제도
② 임금체계의 변화에 적응하도록 근로자에 대한 배려조치
③ 합리적이고 공정한 평가제도
④ 노사협의를 통한 근로자의 이해 등을 충족한 경우

일률적으로 불이익 변경으로 볼 수 없는 경우도 있으므로, 해당 사업
장의 취업규칙 변경이 불이익한지 여부에 대해 우선 위 사항을 감안해
검토하시기 바랍니다.

한편, 귀 질의 사례가 취업규칙 불이익변경에 해당하고 취업규칙 불이
익변경 시점에는 일부 근로자 집단만이 직접 불이익을 받더라도 그 나

머지 다른 근로자 집단에게도 장차 직급의 승급 등으로 변경된 취업규칙의 적용이 예상되는 경우라면, 변경 적용을 받는 근로자 집단은 물론 장래 변경된 취업규칙 규정의 적용이 예상되는 근로자 집단을 포함한 전체 근로자 집단이 동의의 주체가 될 것입니다(대법원 2009다49377, 2009.11.12. 선고).

V. 법률적 리스크

근로자에 불이익을 줄 수 있는데도 노조 동의 없이 도입한 성과연봉제 관련 취업규칙 규정은 무효

(서울중앙지법 2017-08-10 선고 2016가합26506 판결)

비교 대상 근로자와 달리 이 사건 근로자들에게는 출장비와 경영성과급 정산분을 지급하지 아니한 것은 차별적 처우에 해당한다.

(중앙노동위원회 2010차별10외, 2010-08-18)

기간제법 차별금지규정 시행 이후 지급한 성과상여금 지급대상에서 기간제 근로자들을 제외한 것은 차별행위에 해당한다.

(서울고법 2012-7-18 선고 2012누6324 판결)

경영 성과에 따라 일시적으로 지급한 경영성과금은 고용보험료 등의 산정기준이 되는 임금총액에 산입할 수 없다.

(서울행법 2008-6-25 선고 2007구합1972 판결)

의류제조업을 영위하는 갑의 사업장에서 별도의 사업자등록을 하고 의류제조공정 중 봉제업무를 수행하고 기본급 없이 작업량에 따른 성과급만을 지급받은 을은 근로기준법상의 근로자에 해당한다.

(대법원[공2009하, 2001] 2009-10-29 선고 2009다51417 판결)

경영실적평가에 따른 성과상여금을 정규직 근로자들에게만 지급하고 기간제 근로자들에게는 지급하지 아니한 것은 차별적 처우에 해당한다.

(서울행법 2008-10-24 선고 2008구합6622 판결)

근로자 개인의 실적에 따라 결정되는 성과급은 지급조건과 시기가 단체협약 등에 정하여져 있더라도 임금이 아니다.

(대법 2004-05-14 선고 2001다 76328 판결)

기대만큼 경영성과가 없다는 이유로 일방적으로 권고사직한 것은 인사권 남용이다.

(중노위 2000-07-06, 2000부해138)

업무목표 실적이 미달하였다는 이유로 근로자를 징계해고할 수 없다.

(중노위 2001-03-02, 2000부해617)

엘리베이터 등에서 상사나 동료를 만났을 때, 대화하는 방법

(출근길에 상사를 만난 상황)

나: 아침 식사 하세요?

상사: 커피에 빵 먹고 와요.

나: 일찍 출근하시는 것 같은데, 오늘은 조금 늦으셨네요.

상사: 6시 30분 앞차를 놓쳐서 조금 늦었어요.

사무실에서 또는 엘리베이터 등에서 상사나 동료를 만났을 때, 무슨 말을 해야 할까 고민하거나 아예 침묵을 지키는 장면이 연출된다. 특히 상사를 만났을 때는 적잖게 당황하게 된다. 이럴 경우, 어떻게 대응해야 하는가?

보통 우리는 타인을 만나게 되면, '무슨 멋진 말을 할 수 없을까?', '분위기의 주도권을 쥐려면 어떤 말을 해야 할까?' 하는 등으로, 내가 가지고 있는 무언가를 말해야 한다는 의무감에 억눌러 있었던 것 같다. 그러다 보니 타인과 나눈 대화는 그 자리를 떠나면 잊어버리게 되어, 다시 만났을 때 똑같은 질문을 하여, 상대방에게 핀잔을 듣는 상황이 연출되기도 한다.

이제부터 만나는 관점을 바꾸어보자. 주도권 보다는 열린 자세를 취해보자. 즉 배우고자 하는 태도를 갖는 것이다. 배운다는 것은 두 가지 관점인데, 하나는 지식이나 정보에 관한 것이고 다른 하나는 상대방에 대한 파악이다.

예를 들면, 아침 출근 길에 상사를 만났다고 가정해보자.

이때 '무슨 재치 있는 얘기를 하지?'라고 생각한다면, 미리 준비하고 있지 않으면 이야기 진행이 어렵다. 그런데 '무얼 배우지?'라고 생각한다면 화제가 많다.

나: 아침 식사 하세요? → 부지런함, 부인과의 관계 등

상사: 커피에 빵 먹고 와요. → 서양식을 좋아하는 기호 파악

나: 일찍 출근하시는 것 같은데, 오늘은 조금 늦으셨네요. → 어떤 일이?

상사: 6시 30분 앞차를 놓쳐서 조금 늦었어요. → 버스 타고 다니시는구나!

제6장

인 사 평 가 관 리

따뜻한 인사노무관리가 되기 위한 성과관리는 육성 중심의 인사관리가 이루어져야 한다. 이러한 육성 중심의 평가관리가 이루어지기 위해서는 우선 인사평가가 합리적이고 공정해야 하고 평가 피드백을 통하여 육성이 일어나도록 해야 한다. 또한, 인사평가제도는 실체적·절차적으로 정당성을 가져야 한다. 이러한 과정에서 법률을 위반하여 법적 분쟁 등이 발생하지 않도록 법률적 리스크도 관리해야 한다.

I. 인사평가는 역량향상의 기회를 제공해야 한다

우리는 일에서나 삶에서 마음대로 결정할 수 있는 일은 거의 없다. 하지만 사업주 입장에서 조직 구성원들을 원하는 방향으로 움직이게 하는 방법이 있다. 그것은 인사평가를 통해서다. 사업장 구성원들은 평가에 따라 움직인다. 구성원들이 목표를 달성하고, 성과를 내고, 변화와 혁신을 추진하고, 생산성 향상을 위해 노력하는 이유는 그러한 활동들이 인사평가의 대상이 되기 때문이다. 그만큼 인사평가제도는 조직 운영에 중요하다.

인사평가란 평가자가 평가 기준에 따라 구성원들의 실적이나 근무태도를 평가하는 활동이다. 비정규직 근로자의 인사평가는 MBO와 역량 발휘 등을 중심으로 이루어진다. 그 결과는 임금인상이나 신분전환과 연계되므로, 인사평가의 공정한 운영은 중요하다.

또한, 인사평가는 조직문화를 개선한다. 예를 들면, 사업장의 지나친 경쟁 풍토를 줄이고 팀워크 중시의 협력문화를 조성하려면 어떻게 해야 할까? 그것은 인사평가 항목 중에 경쟁적 요소의 비중을 낮추고 협력과 팀워크의 가중치를 높이면 된다. 이렇게 인사평가는 조직문화를 선도하기도 한다.

그러나 우리 사업장에서 인사평가 없이 조직을 운영하는 곳이 많다.

취업포털 잡코리아의 2016년도 조사에 따르면, 우리나라 3개 사업장 중에서 1곳은 인사평가제도를 운영하지 않는다고 한다. 하물며 비정규직 근로자의 인사평가제도를 운영하는 사업장은 이보다 훨씬 못 미칠 것으로 짐작이 간다.

만약 비정규직 근로자의 인사평가제도를 운영한다면 어떤 방향으로 운영해야 할까? 비정규직 근로자는 경험이 부족하고 미숙련자들이 많기 때문에 역량향상을 우선해야 한다. 즉 비정규직 근로자의 인사평가는 직무수행역량 향상에 중점을 두어야 한다.

따뜻한 인사노무관리가 되기 위한 인사평가는 〈그림 6-1〉처럼 역량향상 중심으로 이루어져야 한다. 이러한 역량향상 중심의 평가관리가 이루어지기 위해서는 우선 인사평가가 합리적이고 공정해야 하고, 평가 피드백을 통하여 육성이 일어나야 한다. 또한, 인사평가제도는 실체적·절차적으로 정당성을 가져야 하며, 이러한 과정에서 법률을 위반하여 법적 분쟁 등이 발생하지 않도록 법률적 리스크도 관리해야 한다.

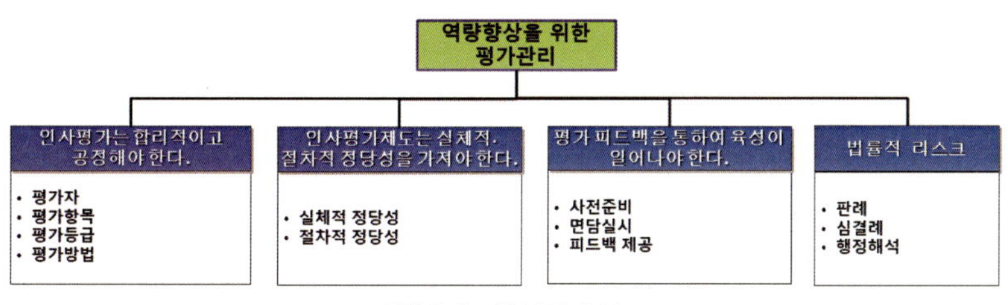

<그림 6-1> 인사평가 구조

인사평가는 전략적으로 운영되어야 한다. 구성원 행동이나 조직문화

가 전략과 적합성을 가지도록 인사평가는 합리적으로 설계되고 공정하게 운영되어야 한다. 그래서 사업장 차원에서는 연간 전략목표가 달성되고, 비정규직 근로자에게는 역량향상이 일어나야 한다.

II. 인사평가는 합리적이고 공정해야 한다

1. 평가자

인사평가제도의 합리성과 공정성을 좌우하는 것은 평가자이다. 평가제도가 아무리 시스템적으로 잘 구축되어 있어도 평가자가 자의적이고 감정적으로 평가하면 평가제도의 합리성과 공정성은 떨어질 수밖에 없다. 반면, 평가체계가 조금 미흡해도 평가자가 공정하게 평가하려는 의도와 역량이 있으면 인사평가의 합리성과 공정성은 개선된다.

따라서 사업장에서는 인사평가의 합리성과 공정성을 위해 평가자에게 관심을 가져야 한다. 평가자와 관련한 이슈는 '평가자를 누구로 할 것인가?'와 '평가자를 몇 명으로 할 것인가?' 그리고 '평가자 오류' 등이다.

평가자를 누구로 할 것인가?

평가자는 평가 대상자를 가장 잘 평가할 수 있는 사람이 되어야 하며, 그것은 다음 두 가지 조건을 충족시켜야 한다.

① 평가 대상자를 충분히 관찰할 기회가 있는 사람
② 평가 대상자를 객관적으로 평가할 동기를 가진 사람

조직에서 이러한 요건을 충족시키는 사람이 바로 직속 상사이다. 이것이 대부분의 사업장에서 직속 상사를 인사평가자에 포함하는 이유이다.

하지만 평가자 선정에 이러한 원칙을 지키지 않는 사업장이 많다. 대표적인 사례가 사업주가 모든 구성원들을 평가하는 경우이다. 사업주는 객관적인 평가 동기는 있지만 모든 직원을 충분히 관찰할 수는 없다. 따라서 사업주에게 이러한 권한이 주어진 사업장에서는 평가권한을 적절히 조절할 필요가 있다.

한편, 비정규직 근로자의 정규직 동료들은 평가자로서 선정되어야 한다. 이들은 비정규직 근로자가 신분전환된 이후 장래 동료로서 잠재역량을 가지고 있는 지에 관심이 높기 때문이다.

평가자를 몇 명으로 할 것인가?

평가자의 인원 수는 평가의 공정성과 효율성을 고려하여 결정해야 한다. 공정성과 효율성은 상쇄 관계(trade-off)에 있는데, 비정규직 근로자에 대한 평가자 인원이 늘어날수록 공정성은 향상되지만, 시간이나 비용이 늘어나 효율성은 떨어진다. 반대로, 평가자 인원을 줄이면 평가 효율성은 향상되지만, 평가 공정성이 약화될 우려가 있다. 그렇다면 가장 적정한 비정규직 근로자의 상사와 동료 평가자는 몇 명일까?

상사평가자 인원은 비정규직 근로자의 업무 범위에 따라 다르다. 즉 비정규직 근로자가 1명의 리더에게만 보고하면 상사 평가자는 한 명이면 되지만, 두 단계 이상 보고를 한다면 다수의 상사를 평가자로 두어야 한다. 다만, 다수 상사 평가자들 간의 가중치는 비정규직 근로자와 근접할수록 높게 부여해야 한다.

동료평가자는 부서 동료 전체를 평가자로 하는 것과 일부 인원으로 평가하는 방법이 있다. 평가의 공정성이 중요할 때는 동료 전체를, 평가의 효율성이 중요할 때는 일부 동료만을 평가자로 한다. 일반적으로 전문가들은 동료평가자의 인원이 3~5명까지가 가장 바람직한 것으로 보고 있다.

평가자 오류

평가자 오류는 불가피한 측면이 있다. 인간의 인지적 한계로 인하여 발생하기 때문이다. 그래서 평가자 선정에 각별한 주의를 기울이고, 평가자들에게 공정한 평가에 대한 당부를 한다. 그럼에도 불구하고, 평가자 오류는 늘 존재한다. 평가자 오류는 <표 6-1>과 같이 관대화 경향이나 중심화 경향, 현혹 효과 등이 있다.

<표 6-1> 평가 오류 유형과 대응방안

구분	개 념	사 례	대응방안
관대화 경향	피평가자를 실제보다 과대평가하는 것	"고생들 하는데 다 잘 해줘야지… 뭐"	
중심화 경향	피평가자에 대한 평가점수가 보통 또는 척도상의 중심점으로 집중하는 경향	"다들 중간은 가는 친구들이라서 "	
엄격화 경향	관대화 경향과는 반대로, 피;평가자의 역량을 실제보다 의도적으로 낮게 평가하는 경향	"특별히 잘한 사람도 없고…"	
논리적 오차	평가요소가 논리적으로 밀접한 관계가 있는 경우 한 요소가 뛰어나면 다른 요소도 뛰어나다고 평가하는 경향	"성실하니까, 협동심도 뛰어날거야 "	• 피평가자에게 가지고 있던 편견, 선입관, 감정을 배제하고 평가할 것 • 평가기준을 충분히 이해, 인식하고 평가할 것 • 평소 객관적인 자료를 수집하여 평가 때에 활용할 것
현혹 효과	평가자가 피평가자의 특정 요소들로부터 받은 인상에 의거 개개인을 평가하려는 경향	" 우수한 대학을 나왔으니, 일도 잘 하겠지 "	
대비 오차	피평가자를 여러 명 평가할 때, 우수한 피평가자 다음에 평가되는 보통 수준의 피평가자를 실제보다 낮게, 그리고 낮은 수준의 피평가자 뒤에 평가하는 보통 수준의 피평가자를 높게 평가는 경향	"우리 팀이랑 참 안 맞는 친구야 "	
시간적 오차	평가의 기초가 되는 사실을 쉽게 기억할 수 있는 최근의 실적이나 능력을 중심으로 평가하는 경향	"11월에 큰 건 한 김과장이 역시…"	
상동적 태도 (stereotype)	특정 종교, 사회단체, 특정한 사람 등에 대해 가지고 있는 평가자의 지각이 평가의 결과에 영향을 미치는 경향	"안경을 끼고 있으니깐 분석적 일 꺼야"	

따라서 평가자 오류를 줄이는 방법은 평가자가 경각심을 가지고 오류

극복을 위해 지속적으로 노력하는 수밖에 없다. 이를 위한 대표적인 방법이 다음 세 가지이다.

① 평가자가 선입견이나 감정적인 판단을 자제한다.
② 평가 기준을 충분히 인식한다.
③ 평소 객관적인 자료 확보에 게을리하지 않는 노력이 필요하다.

2. 평가항목

인사평가에서 핵심요소는 평가항목이다. 이는 사업장에서 필요한 전문성과 태도를 알려주기 때문이다. 따라서 평가항목은 비전, 핵심가치, 전략목표와 연계하여 설정해야 한다.

비정규직 근로자의 인사평가 항목 구성은 〈그림 6-2〉와 같이, 업적평가와 역량평가로 구성된다, 업적평가는 MBO 중심으로 이루어지고, 역량평가는 직무역량과 공통역량 평가로 이루어진다.

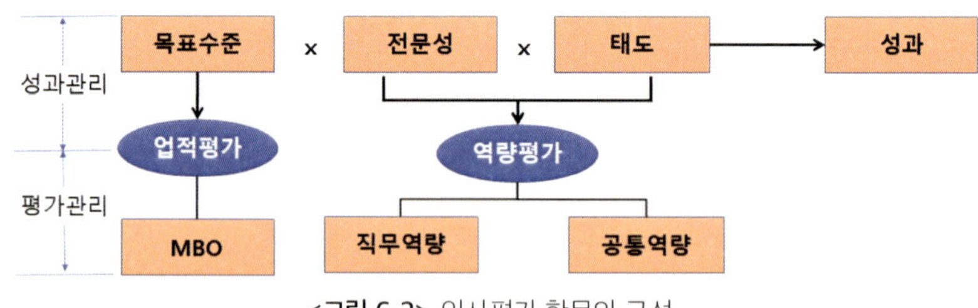

<그림 6-2> 인사평가 항목의 구성

<u>업적평가</u>

비정규직 근로자의 업적평가 항목은 MBO 계획에서 수립한 기본업무와 개선업무이다. 이 두 평가 항목 간의 비중을 동일하게 할 것인지 아니면 차이를 둘 것인가는 조직문화나 평가목적 등에 따라 다를 수 있다. 신설조직인 경우에는 기본업무의 중요성이 높은 반면, 안정된 조직은 업무개선이 더 중요하다(그림 6-3 참조).

인사평가표

대상기간	소속	성명	부서장	
'18.1.1~'18.6.30	관리본부 총무팀	이 행정		(인)

1. 업무실적

책임단위		주요업무 실적	평 가			비고
부서장 지원 (40%)	기본업무 (40%)		A	B	C	
	업무개선 (60%)		A	B	C	
부서원 지원 (30%)	기본업무 (40%)		A	B	C	
	업무개선 (60%)		A	B	C	
부서 환경 정리 (30%)	기본업무 (40%)		A	B	C	
	업무개선 (60%)		A	B	C	

※ 평가등급 : A(우수), B(보통), C(미흡)

<그림 6-3> 인사평가표(업무실적) 작성(ex. 안정된 조직)

평가항목의 중요성에 따라 비중을 달리하는 것이 가중치 문제이다. 평가 가중치가 높다는 것은 사업장 전략이나 평가목적 등에 더 부합한다는 의미이다. '어떤 평가항목에 가중치를 높게 줄 것인가?'는 평가의 합리성과 공정성을 높이기 위해서 반드시 해야 할 질문이다. 일반적으로 다음 항목에 해당하는 경우에는 높은 가중치를 준다.[17]

---

17 정학용 외 1인, 『리스크 매니지먼트』

① 전략적 경영 목표에 우선순위가 높은 항목

② 경영실적과 관련성이 높은 평가항목

③ 높은 직급은 성과 평가, 낮은 직급일수록 태도 평가

④ 평가항목 중에 통제 가능한 항목(ex. 마케팅 부서는 판매량)

<u>역량평가</u>

비정규직 근로자의 역량평가 항목은 역량모델링을 통하여 작성된 직무역량과 공통역량이다. 사업장의 전략목표나 핵심가치를 달성하기 위하여 직무별 요구되는 역량과 공통적으로 요구되는 역량을 반드시 평가해야 한다. 이것이 인사평가가 존재하는 이유이다.

역량항목 간 가중치는 〈그림 6-4〉에서 보는 바와 같이, 평가목적이나 직급 등을 고려하여 조직의 실정에 맞게 설정하면 된다.

2. 역량평가

역량구분		역량정의	평 가			비고
직무역량 (50%)	고객 만족	모든 업무에 있어 고객을 우선시 하고, 고객의 목소리를 경청하며 그들에게 가치를 제공하고자 최선을 다함	A	B	C	
	팀워크	목표를 명확히 공유하며 구성원 상호간 이해와 협동을 촉진하여 시너지를 극대화하는 능력	A	B	C	
	규정 준수	회사의 규정을 수기하고 지키려고 노력함.	A	B	C	
	창의력	기존의 업무관행에서 벗어나 상의적인 대안을 잘 제시하며 새로운 지식이나 기법의 업무적용에도 솔선수범함.	A	B	C	
공통역량 (50%)	책임감	자신에게 주언진 목표나 업무를 끝까지 완결하기 위해 노력하며 그 결과에 책임을 짐.	A	B	C	
	성실성	효율적이고 일관성 있게 업무를 처리하고 정해진 기한 내에 업무를 완료할 수 있도록 계속적인 노력을 유지함.	A	B	C	
	주인 의식	앞으로 해야 할 일을 능동적으로 찾아서 하고, 무엇을 할 것인지, 어떤 게 중요한 것인지를 생각하고 회사 일을 내 일처럼 함.	A	B	C	

※ 평가등급 : A(우수), B(보통), C(미흡)

〈그림 6-4〉 인사평가표(역량평가) 작성(예시)

3. 평가등급

평가등급은 어떤 대상을 평가하기 위하여, 평가항목이 가지는 선택 기준이다. 평가자가 이를 통해 평가항목에 대한 서로의 눈높이를 맞추게 된다. 따라서 평가등급은 인사평가의 공정성과 신뢰도를 향상시키는 데 중요한 역할을 한다.

일반적으로 기업에서는 평가등급은 5개 등급을 가장 많이 사용하고 있다(<그림 6-5> 참고). 평가등급의 수는 조직 구성원이 많고, 평가항목이 복잡하고, 차등화를 높게 할수록 많아지는 반면, 평가항목이 단순하고 차등화 필요성이 적을수록 평가등급의 수는 줄어든다.

비정규직 근로자들을 평가항목들이 비교적 단순하고 차등화 필요성이 적으므로 평가등급의 수를 3개 등급으로 단순하게 운영할 필요가 있다.

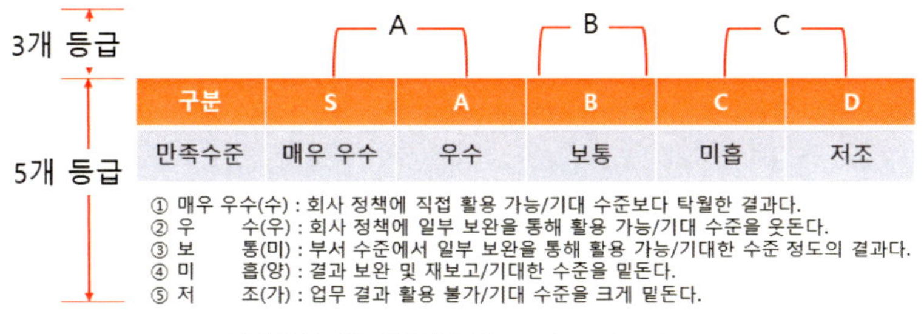

<그림 6-5> 평가등급의 비교(3개 등급과 5개 등급)

4. 평가방법

최근에 'Naver 지식인'에 다음과 같은 부서장의 고민이 올라왔다.

'우리 팀원은 총 5명인데, 팀원 전원이 최고의 인사고과 등급을 받아
야 할 업무능력과 의욕을 가지고 있고 성과도 높습니다. 그럼에도 불구
하고 5명 중에 누군가는 C, D 등급을 받아야 합니다. 인사고과를 차등
해서 주어야 하기에 고민 중입니다.'

조직의 부서장이면 평가 시즌이 되면 늘 빠지는 고민의 한 대목이다.
특히 규모가 작고 공동체적 문화가 강조되는 조직에서는 이러한 상대평
가는 자칫 조직을 분열시키고 위화감만 조성시킬 우려가 있다. 따라서
평가방법을 어떻게 설계하느냐에 따라 구성원간의 관계, 조직성과, 조직
문화 등에 지대한 영향을 미치게 된다.

인사평가 방법에는 크게 절대평가와 상대평가 있다. 절대평가는 피평
가자들을 성과 등 객관적인 기준에 근거하여 평가하고, 상대평가는 피
평가자들 간 비교에 의해 평가하는 방법이다.

절대평가는 절대적 기준에 의해 평가하므로 무엇을 얼마나 잘했는지
못했는지를 구체적으로 피드백해줄 수 있는 반면, 피평가자를 관대하게
혹은 가혹하게 평가하는 단점이 있다. 반면, 상대평가는 가혹화 또는 관
대화 경향은 막을 수 있지만, 직원들에게 구체적으로 수행 업무에 대한
개선 방향이나 개선 수준 등을 피드백해주기 곤란하다. 직원 간 우열을
가리기는 쉽지만, 우수한 직원들이 많이 모인 부서는 상대적으로 손해

를 볼 수 있다.

그러면 조직에서는 절대평가를 실시해야 하는가 아니면 상대평가를 실시해야 하는가? 그것은 회사의 핵심가치나 조직문화에 따라 다르다. IT 중소기업처럼 팀워크가 강조되고 공동체적인 조직문화가 강조될 때에는 절대평가가 유리하고, 차별적인 보상과 경쟁 지향적인 조직문화에서는 상대평가가 적합하다.

이렇게 평가방법은 경영환경이나 조직문화 등을 고려해서 선정해야 함에도 불구하고, 대부분의 기업에서는 평가의 관대화 경향을 극복할 수 있고 간편하게 운영할 수 있기 때문에 상대평가를 많이 활용하고 있다. 그 결과 앞서 예처럼 부서장에게는 또 다른 고민을 던져주고, 법률적으로는 평가의 공정성 문제를 일으키게 된다.

비정규직 근로자에게 따뜻한 인사노무관리가 되려면 구성원간의 차별화보다는 적절한 피드백을 통하여 역량향상의 기회제공이 가능한 절대평가가 더 적절하다.

III. 인사평가제도는 실체적·절차적
정당성을 갖추어야 한다

인사평가 운영 목적은 조직의 핵심가치나 전략목표를 실행하고, 구성원들의 역량을 향상하기 위한 것이다. 인사평가는 철저히 경영목적이나 구성원의 니즈를 반영하여 설계·운영되어야 한다. 그래서 법률적으로 인사평가제도는 경영권으로써 그 설계나 운영에서 상당한 재량권을 인정받아 왔다.

판례에서도 인사평가에 자의성이 있더라도 쉽사리 권한남용으로 보지 않았다.[18] 인사평가제도는 인사권의 핵심적 요소이고, 사업장의 경영목적 달성을 위해서는 주관적 운영도 불가피하기 때문이다.

그러나 사업장에서는 인사평가를 해고수단으로 활용하고 있다. 근로자들이 IMF와 금융위기를 거치면서 대량 해고의 아픔을 겪게 되었다. 이때 사업장에서 해고 대상자 선정을 위해 주로 활용한 도구가 인사평가였다. 급기야는 인사평가의 목적이 사업장 목표달성을 지원하는 것이 아니라 해고에 관한 법적 규제를 회피하고 퇴직을 종용하는 수단으로 전락하기에 이르렀다.[19]

---

18 서울행정법원 2011. 8. 25. 선고 2010구합42263 판결
19 수원지방법원 2013. 1. 29. 선고 2012나6377 판결

이제는 인사평가제도 운영에 상당한 제약을 가하고 있다. 여전히 인사평가의 재량성은 인정하지만, 정당한 운영을 요구하고 있다.[20] 인사평가제도의 정당성은 실체적 정당성과 절차적 정당성으로 나눠볼 수 있다.

1. 실체적 정당성

인사평가제도가 실체적 정당성을 확보하려면 합리적이고 공정하게 운영되어야 한다. 평가제도의 실체적 정당성을 확보하는 방법에는 평가자 선정, 평가자 교육, 평가방법 등이 있다.

먼저, 인사평가제도의 실체적 정당성을 확보하기 위해서는 평가자 선정이 합리적이어야 한다. 평가자 선정을 합리적으로 하기 위한 한 가지 방법이 평가자를 복수로 운영하는 것이다. 최근에 다면평가제도가 유행하는 이유도 바로 평가자의 자의성을 최소화하고 합리성과 공정성을 높이고자 하는 취지이다.

평가자에게 평가 교육을 실시하는 것 또한 평가제도의 정당성을 높인다. 평가자가 되었다는 것이 곧 평가자로서 충분한 능력을 갖추었다는 것을 의미하지 않는다. 평가자의 주관적 평가나 관대화, 중심화 등 평가오류를 최소화시키고, 평가자들의 평가역량을 향상시키기 위해서는 평가자 교육이 반드시 필요하다.

---

20 대법원 2015. 6. 24. 선고 2013다22195 판결

평가방법은 절대평가가 상대평가보다 합리적이고 공정한 제도로 인정받고 있다. 하지만 상대평가는 절대평가보다 편리하다는 장점이 있다. 따라서 평가방법은 전반적으로 상대평가를 운영하더라도 최하위 등급만은 절대평가로 제도를 보완하여 운영하는 것도 하나의 방법이다.

예를 들면, 5등급(S, A, B, C, D) 평가에서 S~C등급까지는 상대평가하여 등급별로 일정 인원을 강제적으로 할당하지만, D등급만은 절대평가 기준을 부여하여 임의적 인원을 할당하는 것이다.

2. 절차적 정당성

인사평가제도에도 많은 절차를 내포하고 있다. 예를 들면, 다면평가에는 평가자 선정, 1차·2차 평가절차, 평점 처리, 평가결과 피드백 등의 절차가 필요하다. 그리고 이러한 절차가 규정화되어 있는 경우에는 이에 따라야 한다.

다면평가에서 평가자 선정 절차는 공정한 평가를 위해서 아주 중요하다. 평가 대상자를 알지 못하는 사람이 평가자가 될 수 있는 그런 절차는 피해야 한다. 그리고 1차 평가자와 2차 평가자가 따로 있는 경우에는 모두 독립적으로 평가를 실시해야 하고 누구도 생략해서는 안 된다. 또한, 평가 결과의 피드백 절차가 있는 경우에는 반드시 평가 결과를 알려주고 이의제기 절차도 진행해야 한다.

Ⅳ. 평가 피드백을 통하여 육성이 일어나야 한다

인사평가에서 비정규직 근로자에게 피드백 절차는 중요하다. 이를 통하여 비정규직 근로자는 신분전환에 가장 중요한 요소인 성과나 역량 수준에 대해서 개선의 기회를 가질 수 있기 때문이다. 따라서 성과가 저조한 비정규직 근로자는 피드백을 통하여 다시 만회할 수 있는 패자부활의 기회를 가진다.

평가 피드백은 소통하는 자리이다. 평가자와 피평가자 간 목표달성 정도, 발휘 역량 및 애로사항에 대해 합의하고 공유하는 절차다. 따라서 평가 피드백은 성과달성을 지원하고 평가 결과의 수용성을 강화하고, 자기계발을 통하여 자기실현을 지원하는 등 평가제도의 본래 목적에 기여한다.

평가 피드백이 내실 있게 진행되려면 사전에 철저한 준비와 전형적인 면담 절차를 따를 필요가 있다. 피드백 절차는 '사전준비 → 면담 실시 → 피드백 제공' 순으로 진행된다.

① 사전 준비는 평가자와 피평가자가 내실 있는 면담이 되기 위하여, 평가자는 평가결과에 대한 근거자료를, 피평가자는 업무 성과에 대한 객관적인 자료 등을 준비하는 과정이다.
② 면담 실시는 본격적인 면담 단계로 대화 분위기를 조성하고 피평가

자로부터 성과 달성도 추진실적을 경청하고 평가 결과에 대해 설명하고 합의하는 과정이다.

③ 피드백 제공은 평가 결과에 대한 피평가자의 의견을 청취하고 문제해결 방안을 모색하고 향후 성과 및 역량 향상 방안을 소통하는 과정이다.

평가 피드백 시간을 역량 개선과 성과 향상의 기회로 이용하기 위해서는 슬기로운 운영이 필요하다. 과거에 잘못한 것을 한꺼번에 쏟아놓는 시간이 되어서는 안 된다. 면담시간은 성과를 개선하고 직원의 약점을 보완하기 위한 계획을 짜고, 직원의 강점, 노력, 달성을 코칭하는 기회로 활용되어야 한다.

V. 법률적 리스크

성과평가의 객관성과 신뢰성이 미흡하고, 비교 집단 간 격차가 존재하며, 사용자의 평가태도에 변화가 없어 부당노동행위에 해당한다.

(중노위 2017-4-13, 2017부노14)

인사고과에서 3년 연속 최하위 수준의 평가점수를 받은 근로자에게 역량향상을 위한 교육을 통하여 개선기회를 부여하고, 전환배치 등 해고회피 노력을 거쳐 해고한 것은 정당하다.

(중노위 2015-11-5 2015부해793)

회사의 인사평가 기준에 따라 성과금을 차등지급하는 것은 정당하다.

(울산지법 2014-4-23 선고 2013나4647 판결)

이 사건의 근로계약상의 근로기간의 정함이 단지 형식에 불과하다고 볼 수 없고 정규직전환 평가를 통한 정규직전환 내지는 재계약 거절이 부당한 것으로 볼 수 없다.

(중노위 2009-11-24, 2009부해854)

취업규칙이나 근로계약서에 정하고 있는 평가절차나 징계절차를 준수하지 아니하고 서면으로 해고통보도 하지 아니한 계약의 해지는 부당해고로 판단하고 금전보상명령을 한 사례

(중노위 2010-4-22, 2010부해122)

기간의 정함이 있는 근로계약이라 하더라도 재계약에 대한 정당한 기대권이 있는 경우 정당한 이유 없이 재계약을 거부하는 것은 부당하며, 객관적·합리적이지 못한 평가결과를 가지고 재계약을 거부한 것은 부당해고이다.

(중노위 2008-2-19 공포 2007부해782)

부당노동행위 의사를 가지고 객관성이 결여된 부당한 평가를 실시하고 이를 근거로 인턴사원을 정규직으로 전환하지 않은 것은 부당노동행위 및 부당해고에 해당한다.

(중앙노동위원회 2015-08-04 2015부해371/부노64병합)

수습 기간 중 낮은 업무수행 평가결과 등을 고려하여 본채용을 거부한 것은 사용자에게 유보된 해약권의 행사로서 정당하다.

(중앙노동위원회 2016-04-12 2016부해77)

수습 기간이 명시된 면접표와 서약서를 확인하고 서명한 경우의 수습 근로자 인정, 시용 평가점수 저조 및 근태 불량을 이유로 한 시용 종결(해고)은 정당하다.

(중앙노동위원회 2006-11-24 2006부해313)

노조에 가입한 수습 근로자 해고를 위해 비합리적인 평가 기준을 적용해 본 계약 체결을 거부한 것은 부당노동행위에 해당한다.

(대법원 2008-12-11 선고 2006두13220 판결)

특정 집단에 속한 직원 퇴출을 위해 의도적으로 인사고과를 낮게 줘 임금을 삭감한 것은 인사평가의 재량권을 남용한 것으로 부당하다.

(수원지법 2013-1-29 선고 2012나6377 판결)

동일한 유형의 실수를 반복하고 매년 인사고과 상의 지적에도 불구하고 개선되지 않았다면 정당한 해고이다.

(서울고법 2003-09-26 선고 2003누 3316 판결)

근로자의 근무성적이 불량할 경우 기간제 임용대상에서 제외할 수 있다.

(중노위 2000-11-24, 2000부해394)

※ 행정해석

당사는 2001년 연말까지 임금체계를 연봉제로 전환한 후 2001년 개인별 업적 고과를 기준으로 2002년 개인별 연봉 금액을 확정할 예정입니다. 이때 변경된 연봉제 임금체계에 따라 개인별 인사고과에 따라 성과 인센티브를 차등지급 시 25~50% 내에서 삭감 지급하는 경우 근로기준법 제98조(제재규정의 제한)에 의해 규정된 [감급액 한도] 규정이 동일하게 적용되나요?(근기 68207-928, 2002-03-06)

[회시]

귀 질의상 성과 인센티브가 처음부터 실적 등에 따라 차등지급하기로 되어 있는 것이라면 근로기준법 제98조에 의한 감급제재로 볼 수 없을 것입니다. (근기 68207-3273, 2001. 9. 24)

인사고과에 따라 임금이 삭감될 수도 있는 형태의 연봉제 도입 시 취업규칙 불이익변경의 절차를 거쳐야 합니다.

인사평가는 강점 위주로 이루어져야 한다

링컨이 그랜트를 사령관으로 지명하면서 판단 기준으로 삼은 것은 전쟁터에서 검증된 장군으로서의 능력, 즉 그의 강점이었다. 만일 단점이 없는 장군, 예컨대 술을 안 마시는 장군을 고르려고 했다면 그랜트는 지명되지 않았을 것이다.

바로 이렇게 그 사람에게 어떤 단점이 없는가가 아니라, 어떤 강점이 있는가를 판단 기준으로 했기 때문에 링컨이 그랜트를 지명한 것은 아주 효과적인 임명이 될 수 있었던 것이다. 아무런 단점도 없는 사람을 찾는다거나 혹은 약점을 줄이는 데에 기준을 두고 인력배치를 한다면, 기껏해야 평범한 인사로 끝나고 말 것이다.

세상에 단점은 전혀 없고 강점만 있는 사람, 즉 '다재다능한' 사람이 있다는 것을 전제로 인력관리를 하려고 한다는 것은 무능한 조직까지는 아니더라도 평범한 조직밖에 만들지 못하는 지름길이다. 커다란 강점을 지니고 있는 사람은 언제나 커다란 단점도 지니고 있는 법이다. 산봉우리가 높은 곳에 깊은 계곡이 있듯이 말이다.

그리고 온갖 분야에 모든 것을 다 잘하는 인간은 없다. 인간의 지식, 경험, 능력 등 총체적 능력 기준으로 평가해보면, 아무리 위대한 천재라고 하더라도 낙제점을 면하기 어렵다. 세상에 '나무랄 데라고는 전혀 없는 사람'은 없다. 다만 "어떤 분야에 나무랄 데가 없는가?"라는 질문을 할 수 있을 뿐이다.[21]

---

21 피터 드러커(이재규), 『프로페셔널의 조건』, 청림출판, 2009, p.288~289

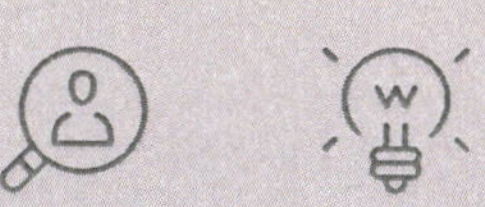

제7장

승 진 관 리

비정규직 근로자들에게 따뜻한 인사노무관리가 되기 위한 승진관리는 객관적이고 공정하게 이루어져야 한다. 이러한 공정한 승진관리를 위해서는 역할중심의 직급체계를 확립하고 이에 따라 승진제도가 구축되어야 한다. 그리고 무엇보다도 승진과정은 정규직과 차별 없이 공정하게 운영되어야 한다. 그리고 승진 효과 극대화를 위해서는 승진자 및 탈락자 모두에게 피드백이 제공되어야 한다. 이러한 과정에서 법률을 위반하여 법적 분쟁 등이 발생하지 않도록 법률적 리스크도 관리해야 한다.

I. 비정규직 근로자에게도 승진관리가 필요하다

조직 구성원 누구에게나 최고의 성장 욕구는 승진이다. 승진을 하게 되면, 직위, 권한, 책임, 보수의 증가로 신분상승이 이루어진다. 장유유서를 존중하는 우리 사회는 승진을 특히 중요하게 생각한다.

승진이란 조직에서 직무 또는 직위의 상승을 의미한다. 사업장의 입장에서는 인재를 확보하는 계기가 되고 직원의 입장에서는 자기발전의 계기가 된다. 비정규직 근로자에게도 승진은 매우 중요하다. 비정규직 근로자도 이를 통하여 신분전환이나 성장 욕구를 충족시킬 수 있기 때문이다.

인사노무관리에서 비정규직 근로자에게 가장 소외된 분야가 승진이다. 승진관리는 사업장의 핵심인재를 가려내고 장기적 관점에서 인력을 육성하는 시스템이기 때문이다. 그래서 일반 사업장에서 비핵심인력이자 단기고용인 비정규직 근로자들을 승진관리 하는 곳은 드물다.

그러나 비정규직 근로자에게도 승진관리가 필요하다. 사업장에서 글로벌 경쟁력을 가지기 위해서는 인력의 누수 없이 전체 근로자를 대상으로 장기적 관점에서 동기부여를 해야 한다. 비정규직 근로자들도 핵심인재를 가려내고, 신분전환을 위해서 장기적 관점에서 인력 육성을 해야 한다.

　따뜻한 인사노무관리를 위한 비정규직 근로자의 승진관리는 〈그림
7-1〉에서 보는 바와 같이 객관적이고 공정하게 이루어져야 한다. 비정규
직 근로자에게는 간소한 역할 중심의 직급체계와 역할 중심의 승진제도
가 적합하고, 승진과정은 정규직 근로자와 차별 없이 공정하게 운영되어
야 한다. 승진 효과 극대화를 위해서는 승진자 및 탈락자 모두에게 피드
백이 제공되어야 한다. 이러한 과정에서 법률을 위반하여 법적 분쟁 등
이 발생하지 않도록 법률적 리스크도 관리해야 한다.

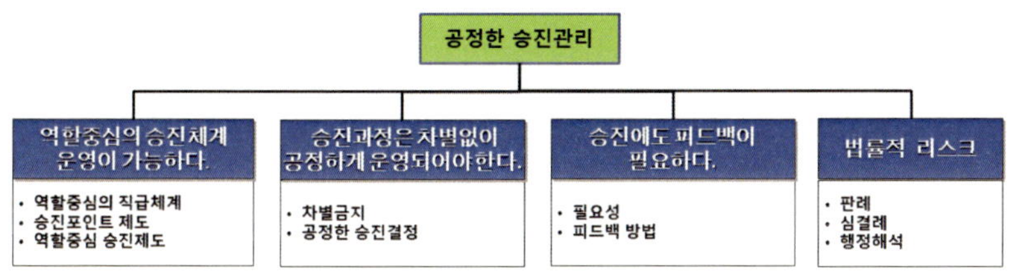

<그림 7-1> 승진관리의 구조

II. 간소한 역할 중심의 승진체계가 적합하다

1. 역할 중심의 직급체계

지식·정보사회에서는 구성원의 창의성이 경쟁력의 핵심요소이다. 창의성은 구성원들에게 자신이 갖춘 능력을 최대한 발휘할 수 있는 여건을 만들어주고, 동기부여해줄 때 최대화된다. 이를 위해서는 자율을 보장하고 관리를 적게 하는 수평적 조직구조를 구축해야 한다. 조직구조의 수평화를 위해서는 직급체계의 단순화가 선행되어야 한다.

직급체계란 비슷한 수준의 직무 역할을 수직적, 계층적으로 분류해 놓은 것이다. 직급체계는 승진뿐만 아니라 채용이나 급여, 이동배치 등을 결정할 때 기본이 된다. 따라서 직급체계는 조직운영의 기본구조가 된다.

과거 우리나라 직급체계는 과거에 아주 위계적이었으며, 많게는 14개 직급까지 있었다. 과거 직급체계는 사원-고참사원-대리-과장-차장-부장-이사대우-이사-상무-전무-부사장-사장-부회장-회장 등 위계적 구조였다. 구성원이 보고서를 만들면 최소한 13번 고쳐야 하고, 보고·재 보고로 소요되는 기간은 최소 26일이었다.

하지만 이제는 수평적인 역할중심의 직급체계가 대세이다. 글로벌 경쟁의 최전선에 있는 대기업조차도 〈그림 7-2〉에서 보는 바와 같이, 역

할중심의 직급체계로 개편하여 직급 수를 3~4개 수준으로 간편화하고
있다. 이를 통하여 의사결정의 유연성을 높이고 창의적인 우수 인재들
의 활용을 강화하고 있다.

<그림 7-2> 주요 그룹 직급체계 개편[22]

팀제하에서 구성원들의 직무 역할은 크게 '팀장-팀원'의 두 단계로 구
분할 수 있다. 두 단계 구분은 팀장에게 업무가 너무 많이 집중되고, 중
간관리자들의 지식과 경험을 사용하지 못한다는 단점이 있다. 그래서
일반적인 역할중심의 직급체계는 '팀장-선임-팀원'의 3단계 구조이다.

비정규직 근로자의 직급체계도 직무 역할에 따라 3단계 구조로 운영
할 수 있다. 그것은 사원급-선임급-책임급이다.

• 사원급은 조직 가치를 내재화하고, 직무에 대한 이해를 바탕으로 직

---

22 KEF e매거진, '역할중심 임금체계 개편사례와 도입방안', 2016-12-29

무수행 시 기초적인 수준에서 역량을 발휘하는 수준이다.

- 선임급은 후배 직원들에게 간단한 지도를 할 수 있으며, 여러 상황에서 역량을 발휘하고 심화 역량을 발휘하는 수준이다.
- 책임급은 비정규직 근로자의 최고 직급으로 동료직원의 멘토가 될 수 있는 수준이며, 직무수행에서 문제점 또는 개선방향 제시가 가능한 수준이다.

2. 승진 심사기준

승진제도의 핵심내용은 승진심사 기준이다. 사업장 구성원은 승진심사 기준을 맞추기 위해서 혈안이 되어 있다. 최근 기업의 승진 심사기준이 연령이나 근속에서 성과와 역량 중심으로 크게 변하고 있다. 하지만 승진 심사기준에는 상위직급 수행역량을 평가해야 하므로 성과 등 정량적인 요소뿐만 아니라 리더십 등 정성적인 평가요소도 필요하다. 그래서 승진관리에는 객관성과 공정성이 중요하다.

승진제도의 객관성과 공정성을 높일 수 있는 대표적인 방법이 승진 포인트 제도의 도입이다. 승진 포인트 제도는 연공보다는 개인의 역량이나 업적을 우선하여 승진에 필요한 제반요소를 점수(Point)화하고 일정 점수 이상이 되면 직급별 승진 연한에 구애됨이 없이 승진 또는 승진심사 대상이 되도록 하는 것이다.

이러한 승진 포인트 제도의 강점은 비정규직 근로자 자신이 승진하기 위해서는 언제, 얼마만큼, 어느 부분을 보완해야 하는가를 알 수 있고 미리 준비할 수 있다는 점이다. 이를 통해 승진제도의 객관성과 공정성을 상당히 높일 수 있다.

　이러한 장점 때문에 포스코, 삼성 등 현재 많은 글로벌 기업에서 승진 포인트 제도를 도입, 운영하고 있다. 승진 포인트 주요 항목은 〈그림 7-3〉에서 보듯이 인사고과, 외국어, 사회봉사 그리고 회사 정책상 필요 항목 등으로 구성하여 운영하고 있다.

구　　분	POSCO	삼성	SK 하이닉스	농어촌공사
항　　목	승진시험, 어학, 통섭교육, 인사고과, 제2외국어	인사고과, 외국어, 정보화, 6시스마, 표창	인사평가 결과를 점수로 환산	CDP, 자기개발, 성과관리, 사회봉사, 표창 등
승진 포인트	○ (매니저 승진)	○ (과장 승진까지)	○ (인사 마일리제도)	X
승진 자격 포인트	○ (시니어 매니저~)	○ (차장~)	X	○

* 자료 : 인터넷 기사 종합

<그림 7-3> 승진 포인트 도입 사례[23]

　비정규직 근로자의 승진 포인트 제도는 〈그림 7-4〉처럼 설계할 수 있다, 인사평가, 교육활동, 제안활동 및 포상점수 등을 포인트 항목에 반영하여 업무성과와 자기계발 활동을 자극하도록 한다.

직급	최소승진 기준연한	승진 포인트	승진항목별 포인트 배점기준			
			인사평가	교육이수(x)	제안점수	포상점수
책임급	3년	19.5[1]	$S-3$	$x{>}{=}1.5\partial^{2)} - 1$	1점/5회	1점/2회
선임급	2년	13	$A-2$	$0.5\partial <{=}x{<}1.5\partial - 0.5$		
사원급	-	-	$B-3$	$x{<}\partial \quad - 0$		

1)　19.5 = (2.5x3x2회) +(0.5x3) + (1x3)
2)　∂ = 비정규직근로자들의 연간 평균 교육 이수 회수

<그림 7-4> 직급별 승진 포인트 운영기준(예시)

23　정학용, 황규식, 『인사노무관리 리스크 매니지먼트』, 간디서원, 2017, p.313

승진 포인트 점수를 활용하는 방법에는 '졸업식' 방식과 '입학식' 방식이 있다. '졸업식' 방식은 승진 포인트를 확보하게 되면 별도의 승진 심의 없이 바로 상위 직급으로 승진하는 것이고, '입학식' 방식은 승진 포인트를 확보함으로써 승진 후보자로서 자격만을 취득하는 것이다.

'졸업식' 방식은 객관적이고 공정성은 높지만, 승진제도의 전략적 운영이 미흡하고, '입학식' 방식은 투명성은 떨어지지만, 전략적으로 운영할 수 있다는 장점이 있다. 그래서 하위직급의 승진에는 '졸업식' 방식을, 고위직급 승진에는 '입학식' 방식이 적당하다. 따라서 비정규직 근로자는 '졸업식' 방식으로 활용하는 것이 바람직하다.

3. 역할중심 승진제도

역할중심의 승진제도에서는 직무수행자의 역할에 따라 승진이 이루어진다. 즉, 팀원에서 선임으로 승진하고, 선임에서 팀장으로 승진하는 것이 역할중심의 승진제도이다.

비정규직 근로자의 역할중심 승진제도는 〈그림 7-5〉와 같이 사원급 → 선임급 → 책임급 등 직급체계에 따라 이루어진다. 직급별 일정 체류 기간과는 상관없이 상위 직급 역할 수행 능력(승진 포인트 점수 획득)이 충족되면 승진할 수 있다. 이러한 역할중심 승진제도는 수직적인 직급구조를 수평화하여 빠른 의사결정과 실행을 가능하게 하고, 팀원 간 소통과 협업을 강화하여 창의성과 집단지성을 활성화한다.

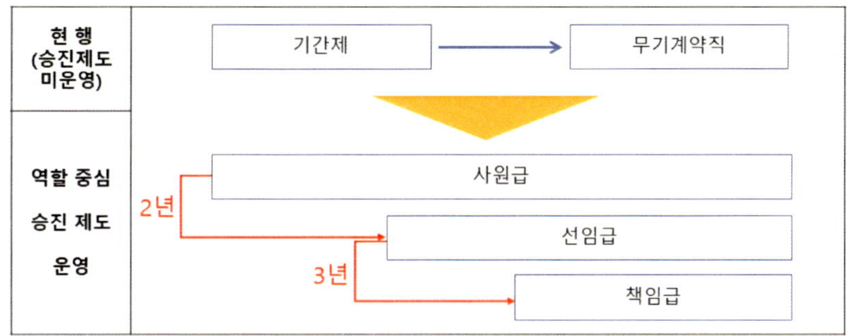

<그림 7-5> 역할 중심으로 승진제도 운영 구조(예시)

　비정규직 근로자의 승진기준 최소 연한은 신분전환이나 역량향상 소요기간 등을 고려하여 설정해야 한다. 기간제 또는 파견근로자의 고용기간인 2년을 고려하고, 일반적으로 한 직급 최소 체류 기간을 평균 3년으로 잡는 점을 고려한다면, 선임급과 책임급으로 승진하는 데 각각 2년과 3년으로 설정하는 것도 하나의 방법이다.

Ⅲ. 승진과정은 차별 없이
정당하게 운영해야 한다

1. 비정규직 근로자 간의 승진기회 배제

비정규직 근로자 승진제도를 운영하면서, 직접 고용한 기간제 근로자에게는 승진기회를 부여하면서, 간접 고용한 파견근로자에게는 승진기회를 부여하지 않는 것이 차별처우에 해당하지 않는가? 즉, 동일한 노동을 제공하고 있는 파견근로자들만 승진대상에서 배제하는 것이 파견법 제2조 제7호 '그 밖에 근로조건'에 해당되지 않는지, 또한 파견법 제21조의 '사업 내의 동종 또는 유사한 업무를 수행하는 근로자에 비하여 파견근로자에게 차별적 처우를 하여서는 아니 된다'는 규정에 저촉되지 않는지가 문제이다.

파견근로자로서의 근로조건은 차별처우 금지영역에 해당되며, 사업장에서는 직접 고용한 근로자와 차별해서는 아니 된다. 예를 들면 파견근로자에게만 휴일근로를 시킨다든지 파견근로라는 이유로 단순 업무만 부여하는 경우에는 차별처우에 해당한다.

한편, 파견근로자는 고용관계와 사용관계가 분리되는 특수성을 가지고 있다. 파견근로자의 신분은 파견회사 소속이지만(고용관계), 지휘 감독은 사용회사에서 받고 있다(사용관계). 따라서 파견근로자에 대한 불리한 처우의 유무와 합리적인 이유의 유무는 기간제 및 단시간 근로자의 기준과 다를 수 있다.

　파견근로자에 대한 불리한 처우가 파견근로라는 속성으로 인한 경우에는 합리적 이유가 있는 것으로 보고 있다. 예를 들면, 직접 고용한 근로자 신분에 기하여 지급되는 가족수당 등의 지급대상에서 제외한다든지, 장기적 육성을 위한 운영하는 교육훈련에 파견근로자를 배제하는 것은 차별처우에 해당되지 않는다. 승진제도도 장기적이고 전략적 차원에서 운영하기 때문에, 파견근로자의 승진기회 배제는 차별적 처우에 해당되지 않는다.

　하지만 사업장에서 모든 창의성과 집단지성을 활용하기 위해서는 소외되는 구성원이 없어야 한다. 파견근로자들도 사업장의 전략목표 달성에 기여하도록 동기부여할 필요가 있고 또 역량 우수자는 신분전환도 고려해야 한다. 파견근로자의 승진기회 배제는 법률적 차원에서는 정당하나 인사노무관리 차원에서는 합리적이지 못하다. 파견근로자도 승진대상자에 포함하여 사업장 목표달성에 기여하도록 동기부여를 해야 한다.

2. 정당한 승진 결정

　승진 평가 기준을 무엇으로 할 것인가 또는 누구를 승진시킬 것인가는 전형적인 경영권에 속한다. 미래 우수 인재 확보와 업무성과의 극대화를 위한 승진제도에는 상당한 재량권이 인정된다. 하지만 승진제도를 가지고 직원을 해고시키기 위한 수단으로 또는 해고에 관한 법적 규제를 회피하고 퇴직을 종용하는 용도로 악용된다면 승진제도도 사법심사

의 대상이 되어 그 효력이 부인될 수 있다.[24]

그러므로 이제 사업장에서는 승진제도를 운영할 때 법률 리스크를 관리해야 한다. 이제 승진자를 결정할 때는 실체적 정당성과 절차적 정당성을 갖추어야 한다.

실체적 정당성

먼저 승진 결정이 정당하기 위해서는 실체적으로 정당해야 한다. 즉, 승진 결정이 업무상 필요의 범위 내에서 이루어져야 한다. 이는 인력을 양성하고 업무성과를 극대화하는 방향으로 이루어져야 한다는 의미이다. 따라서 합리적인 승진기준에 의해, 적정하고, 공정하며 합리적으로 평가하여 승진시켜야 한다.

① 적정성의 원칙은 승진 후보자의 업무실적, 성과, 능력에 근거하여 승진 기회를 적정하게 부여해야 한다는 것이다.
② 공정성의 원칙은 승진 후보자 중에 승진에 필요한 자질과 역량을 갖춘 대상자에게 승진기회를 부여해야 한다는 것이다.
③ 합리성의 원칙은 승진 기준에 가장 맞는 요소 즉 지연, 혈연, 학연보다는 업적, 역량, 자질 등을 정확하게 평가하여 승진자를 결정해

---

24 근로자를 승진 임용하거나 승진임용에서 탈락시키는 것은 원칙적으로 인사권자의 권한에 속하므로 업무상 필요한 범위 안에서는 상당한 재량을 인정하여야 할 것이므로, 승진임용에서 탈락시키는 조치가 노동조합법 제39조 제1호, 제4호 또는 근로기준법 제27조 제1항 등에 위반되거나 재량권 남용이나 일탈에 해당하는 등 특별한 사정이 없는 한 위법하다고 할 수 없을 것이며, 승진탈락 조치가 정당한 인사권의 범위 내에 속하는지의 여부는 당해 조치의 필요성과 그러한 조치를 하는 과정에서 신의칙상 요구되는 절차를 거쳤는지의 여부 등에 의하여 결정되어야 할 것이다(서울고법 1997.06.13. 선고 96구4420 판결).

야 한다는 것이다.

승진관리는 가장 기본적인 경영권의 하나이지만, 법률 리스크를 최소화하기 위해서는 승진의 적정성, 공정성, 합리성의 원칙을 준수할 필요가 있다. 승진제도가 객관적이고 공정하지 못하면 사업장은 우수 인력을 확보할 수 없게 되고, 파벌 형성 등 정치적 조직문화만 조장된다.

절차적 정당성

승진 결정의 법률적 리스크를 최소화하려면, 그것이 절차적 정당성을 지녀야 한다. 절차적 정당성은 사업장의 승진규정을 준수하는 것이다. 특히 중소 사업장에서는 사업주가 승진기준을 무시하고 자신의 편의대로 승진 결정을 하고자 하는 유혹이 크다.

만약 사업주 편의대로 승진을 결정한다면, 사업장에서 시스템 경영이 자리를 잡을 수 없다. 사업주에게 모든 권한이 집중되면 사업주가 없으면 사업장이 돌아가지 않는다. 사업주가 자리를 비우더라도 또는 구성원이 퇴직하더라도, 사업장은 평소처럼 유지되어야 한다. 그러려면 사업장에서 시스템 경영이 자리를 잡아야 하고 이를 위해서는 승진 등 제도관리가 예측성 있게 운영되어야 한다.

따라서 사업주는 승진제도의 중요성을 인식하고 승진기준을 준수해야 한다. 승진기준은 노사협의회법에 따라 근로자 대표와 성실하게 협의하고, 승진 대상자 결정 심의에는 인사위원회 등 다수의 의견이 반영되어야 한다. 그리고 그 결과는 구성원들이 알 수 있도록 공지해야 한다.

　이러한 절차적 요건은 제도의 정당성 확보에 중요하다. 그것은 정당한 절차가 정당한 결과를 이끌기 때문이다. 비정규직 근로자의 승진 결정에도 사업장에서 정한 기준을 준수해야 한다.

IV. 승진에도 피드백이 필요하다

승진제도는 근본적으로 소수만 승진하고 다수가 탈락하는 구조이다. 따라서 승진 발표 이후, 조직 분위기 침체나 사기 저하가 일어나게 되고, 이에 따른 업무 공백이 발생하고, 심한 경우에는 승진 결정의 정당성 문제로 법률 분쟁 우려까지 있다. 이러한 조직운영의 리스크를 최소화하기 위해서는 승진 사후 관리가 필요하다.

승진인사 누락에 불만을 품고 그에 대한 권리구제를 목적으로 무단으로 인사위원회 심의 결과 보고 공문 사본을 노동위원회 등에 제출하여 징계한 것은 정당하다.[25]

능력주의 승진제도 하에서 노조원과 비노조원 사이에 전체적으로 비교하여 보아 승진에 있어 격차가 있더라도 이로써 바로 부당노동행위에 해당한다고 할 수 없다.[26]

이러한 법률 분쟁 소지에도 불구하고, 대부분의 조직에서 승진 사후 피드백 활동을 하는 경우가 드물다. 그래서 승진 피드백을 리더들의 역할과 책임으로 지정하여 불측의 법률 분쟁 소지를 없애야 한다.

---

25 서울행법 2015-03-12 선고 2014구합64568

26 대법 1998-02-10 선고 96누10188

승진 피드백은 사업장의 소통문제이다. 이것은 승진자와 탈락자에 대한 관심과 배려를 요구한다. 어려운 절차가 아니다. 승진 인사발령 이후, 부서장이 승진자와 탈락자와 개별적으로 면담하는 활동이다. 승진자에게는 축하와 더불어 기대사항을 얘기하고, 탈락자에게는 탈락사유와 분발을 독려하는 식으로 소통하면 된다.

TIPS!!

피드백 내용(예시)

- 승진자: 승진 축하와 더불어 승진자로서의 역할과 책임을 상기시키고 리더로서의 전략목표에 대한 성과책임을 강조하고, 리더로서 솔선수범의 자세나 직원 Care 활동 등에 대해 당부

- 탈락자: 탈락에 대한 아쉬움 표현, 승진 과정에서 적용되었던 승진정책이나 평가 주안점, 승진 탈락에 경위와 향후 개선 필요 사항, 분발 요청과 격려 필요

V. 법률적 리스크

    승진인사에서 노동조합원 배제 및 노조의 탈퇴를 회유하고 유도한 것은 부당노동행위이다.

(서울행법 2011-12-9 선고 2011구합9898 판결)

    사용자의 노조전임자에 대한 승진배제 행위는 부당노동행위에 해당한다.

(대법원 2011-7-28 선고 2009두9574 판결)

    지방자치단체가 설립한 지방의료원이 그 소속 직원에 대한 승진발령을 함에 있어 법령 및 정관에 정하여진 절차를 전혀 거치지 않은 경우, 그 승진발령을 무효이다.

(대법원 2010-5-13 선고 2010다5595 판결)

    신 직급체계 시행으로 현재 재직하고 있는 근로자의 직급이 하향되지 않고 임금 및 수당 등이 감소되지 않는다면 근로조건 불이익 변경으로 보기 어렵다.

(근로기준정책과-1319, 2016-02-17)

    과중한 업무를 수행하고 계속되는 승진 누락에 따른 정신적 압박에 시달려 만성 B형 간염이 급속히 악화되면서 간암을 유발해 사망했다면 업무상 재해이다.

(서울행법 2004-12-08 선고 2001구15817 판결)

승진 등 인사발령에 대한 대가로 임원들에게 금품을 제공해 징계 해고한 것은 그 양정의 적정성을 벗어났다고 보기 어렵다.

(서울행판 2006-03-24 선고 2005구합16888 판결)

근무성적 불량 등을 이유로 한 승진누락은 정당하다.

(중노위 2000-08-24, 2000부노 86, 부해 344)

승진 및 전보발령에 반발하여 무단결근을 한 것을 이유로 해고한 것은 정당하다.

(중노위 2001-03-19, 2000부해 619, 부노 158)

승진평가시험·인사고과 등 노무관리운용에 필요한 사항으로 사회통념상 합리성이 인정되는 경우 근로자 집단적인 동의를 얻어야 하는 불이익변경으로 보기는 어렵다.

(근기 68207-132, 2002-02-03)

승진은 가능한 한 많이 시킬수록 좋다

　기업운영에서 딜레마 중에 하나가 '포상 대상자를 확대할 것인가? 아니면 엄격하게 운영하여 포상의 가치를 높일 것인가?'이다. 포상자를 늘리면 그만큼 조직 분위기는 좋아지는 대신 포상의 의미가 퇴색하게 되고, 포상자를 줄이면 포상의 가치는 높아지지만, 포상에 대한 시기, 질투가 일어나고 조직 위화감의 불씨가 될 수 있다. 따라서 포상자 범위는 경영방침이나 조직문화나 예산 등을 고려하여 공정하게 선정해야 한다.

　이와 유사한 문제가 승진에서도 발생한다. 승진 범위를 넓히는 게 좋은 것인가, 아니면 엄격하게 운영하는 것이 좋은 것인가? 이에 대한 해답은 기업의 경영전략, 승진정책, 상위직급 여력, 조직문화, 예산 등에 따라 다를 것이다. 하지만 일반적으로 승진이 조직 구성원들에게 미치는 영향을 고려할 때 가능하다면 넓히는 것이 좋을 것이다. 이는 아래 사례처럼 우수한 리더를 많이 확보할 수 있기 때문이다.

　중 고등학교 시절 학교 입구에는 선도부 완장을 찬 상급생들이 죽 서 있었다. 그들 앞을 지나 학교 정문을 통과할 때면 주눅이 들고는 했다. 완장이 상징하는 권위 때문이다. 그리고 완장을 찬 학생들은 완장을 차고 있는 동안에는 행동이 의젓하게 바뀐다.

　직원에게 완장을 채워주면 반드시 완장의 효과가 나타난다. 완장을 찬 직원들은 직급이나 보직에 상관없이 자신이 완장을 찬 일에서는 리더로서 긍정적인 영향력을 강하게 발산하게 된다. 가능한 한 많은 수의 직원들이 완장을 차게 할 수 있다면 극소수의 간부들에 의해 이끌리는 조직보다 얼마나 강력한 힘을 낼 수 있겠는가?[27]

---

[27] 김종수, 『부스터』, 클라우드나인, 2014, p.169

제8장

교 육 훈 련

따뜻한 인사노무관리가 되기 위한 교육훈련은 역량 향상을 위한 교육훈련이 되어야 한다. 역량향상 교육훈련이 되기 위해서는 그 내용을 역량기반으로 구성하고, 그 방법은 OJT가 중심이 되어야 한다. 그리고 성희롱 예방교육 등 4대 법정 교육도 반드시 실시해야 한다. 이러한 과정에서 법률을 위반하여 법적 분쟁 등이 발생하지 않도록 법률적 리스크도 관리해야 한다.

I. 교육훈련은 변화와 혁신을 위해 필요하다

기업의 평균수명이 30년에서 5년 이내로 짧아지고 있는 글로벌 경쟁 시대에 사업장의 경쟁력은 변화와 혁신 능력에 의해 좌우된다. 변화와 혁신은 사업장의 근본적인 체질 개선을 요구하고 일상적이고 지속적이며 체계적으로 추진되어야 한다. 성공적인 변화와 혁신을 위해서는 구성원 모두에게 교육훈련이 필요하다. 여기에 비정규직 근로자라고 해서 예외는 아니다. 비정규직 근로자들도 조직의 변화와 혁신에 동참해야 하고, 이들에게도 교육훈련이 필요하다.

교육훈련이란, 사업장의 변화와 혁신을 위하여 구성원들의 지식과 기술, 그리고 태도를 개발하는 활동이다. 비정규직 근로자들은 전문성과 숙련도가 낮기 때문에 역량향상이 더욱 절실하다. 이는 사업장의 변화와 혁신에 기여할 뿐만 아니라 비정규직 근로자 자기 발전의 욕구도 충족시킨다. 마치 나무가 성장하기 위해서 물이 필요한 것처럼, 비정규직 근로자가 성장하기 위해서는 교육훈련이 필요하다.

하지만 비정규직 근로자들의 역량향상 교육은 저조하다. 〈그림 8-1〉에서 보는 바와 같이, 비정규직 근로자들의 교육훈련 실적은 최근 4년 평균이 42.3%로, 정규직 57.3%에 비해 많이 떨어지고 있다. 이는 사업장에서 비정규직 근로자들은 단기고용 또는 비핵심업무 종사자라는 인식과 더불어 조직목표 달성에 대한 기여활동이 저평가되었기 때문인 것으로 풀이된다.

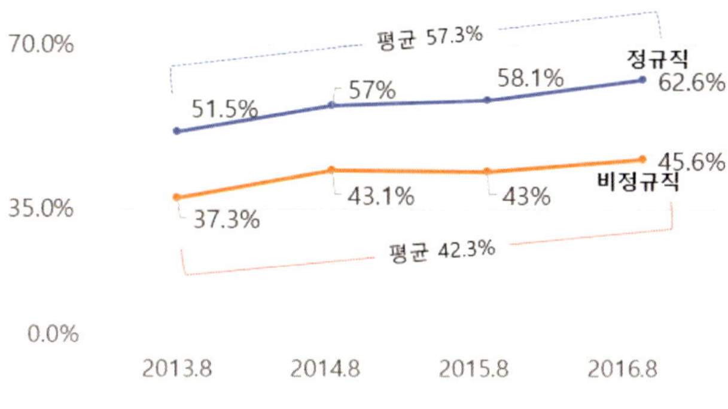

<그림 8-1> 비정규직의 정규직 대비 교육훈련 경험 비율

비정규직 근로자들의 역량향상 교육은 확대되어야 한다. 사업장에서 인력의 누수를 최소화할 필요가 있다. 그래서 이들도 사업장의 목표를 달성하고 변화와 혁신을 성공적으로 이끄는 데 기여하도록 해야 한다.

따뜻한 인사노무관리가 되기 위한 교육훈련은 <그림 8-2>에서 보는 바와 같이 역량 향상을 위한 교육훈련이 되어야 한다. 역량향상 교육훈련이 되기 위해서는 그 내용을 역량기반으로 구성하고, 그 방법은 OJT가 중심이 되어야 한다. 그리고 성희롱 예방교육 등 4대 법정 교육도 반드시 실시해야 한다. 이러한 과정에서 법률을 위반하여 법적 분쟁 등이 발생하지 않도록 법률적 리스크도 관리해야 한다.

결국, 교육훈련은 사업장에게나 비정규직 근로자에게나 아주 중요하다. 비정규직 근로자들은 자신의 경력 경로를 현실화할 수 있고, 사업장에서는 변화와 혁신의 잠재력을 높이고 조직목표 달성 가능성을 증가시

킨다. 따라서 따뜻한 인사노무관리가 그 실효성을 갖는 데는 교육훈련
이 매우 중요한 역할을 한다.

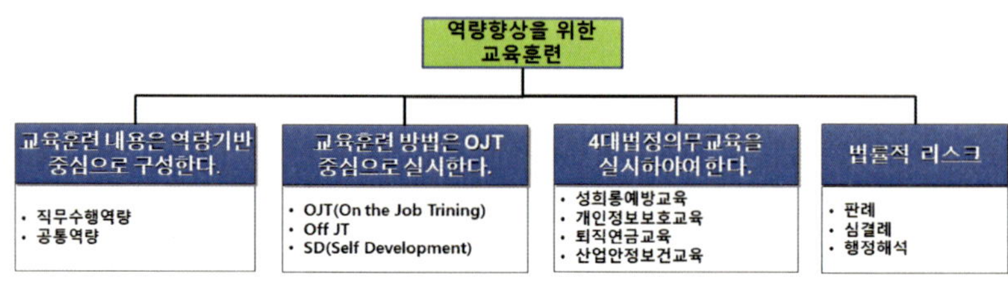

<그림 8-2> 교육훈련 구조

II. 교육훈련 내용은 역량기반으로 구성해야 한다

　　교육훈련 내용은 사업장의 경영전략, 핵심가치, 업무특성, 교육훈련 목적, 역량모델링, 조직문화 등에 영향을 받는다. 일반적으로 교육훈련 내용은 기술(Skill), 지식(Knowledge), 태도(Attitude)의 개선으로 이루어진다. 따라서 비정규직 근로자에 대한 교육훈련도 역량향상에 중점을 두어야 한다.

　　비정규직 근로자의 교육훈련 Framework를 설계하면 <그림 8-3>과 같이, 역할 단계별로 직무역량 교육 및 공통역량 교육으로 구성할 수 있다.

구분	직무역량	공통역량
	지식, 기술·기능 (생산지원, 판매지원, 행정지원)	규정준수, 책임감, 고객만족, 팀워크, 커뮤니케이션, 멘토링
책임급	지식·기술·기능습득 (생산지원 관련 / 판매지원 관련 / 인사·재무·총무 등 행정 관련)	멘토링
선임급		규정준수 / 책임감 / 고객만족 / 팀워크 / 커뮤니케이션
사원		

<그림 8-3> 역량기반 교육체계 Framework 설계(예시)

1. 직무역량

직무역량 교육은 실무능력 향상 교육이 되어야 한다. 비정규직 근로자들은 주로 지원 또는 보조 역할을 담당하고 있기 때문에 교육내용도 이에 맞게 구성되어야 한다. 즉, 생산, 판매, 행정 등과 같이 직능별로 지원 또는 보조에 필요한 전문지식과 기술·기능을 습득할 수 있어야 한다. 이때 역할단계에 따라 요구되는 역할과 책임을 반영한 차별화된 교육훈련이 필요하다.

2. 공통역량

공통역량 교육은 사업장에서 행동과 태도 개선을 위한 교육이 되어야 한다. 비정규직 근로자는 아직 근속기간도 짧고 사업장 경험도 적기 때문에, 비정규직 근로자들이 행동이나 태도를 조직이 요구하는 것과 맞추고 조직 문화에 조기 적응하도록 지원할 필요가 있다. 이러한 공통역량 함양을 위한 교육 내용은 규정준수, 책임감, 고객 만족, 팀워크, 커뮤니케이션 등이 될 수 있다. 특히 책임급에서는 동료직원들에 대한 조언과 코칭 등 멘토 역할을 원만히 수행할 수 있도록 멘토링 교육을 강화할 필요가 있다.

III. 교육방법은 OJT 중심에서
Off JT와 SD로 보완한다

사업장에서 이루어지는 교육방법은 대체로 OJT(On the Job Training), Off JT(Off the Job Training) 및 SD(Self Development)이다. 비정규직 근로자에 대한 교육방법은 실무능력 향상에 중점을 둔 OJT가 중심이 되어야 하고, Off JT와 SD가 이를 보완하도록 해야 한다.

1. OJT(On the Job Training)

현장에서 일과 교육훈련을 병행하는 활동의 대표적인 방법은 OJT 활동이다. OJT는 선배 사원이 업무 관련 지식, 스킬 등 노하우를 후배 사원에게 전수하면서 업무 숙련도를 높이고 후배가 조직생활을 잘 헤쳐나가도록 지도, 육성하는 계획적인 노력 과정이다. OJT는 현장에서 일과 교육훈련이 병행하여 이루어지기 때문에 가장 효과적인 교육방법이며 가장 실무적인 지식과 기능을 전달하는 방법이다.

대부분 미숙련자들인 비정규직 근로자들에게는 현장 실무교육이 절실히 필요하므로, OJT 교육이 특히 긴요하다.

OJT가 가장 흔한 방법임에도 조직에서 성공률은 높지 않다. 선배 사원이나 후배 사원들이 업무에 쫓기어 실제로 OJT를 지도하는 방법을 잘 지키지 않기 때문이다. OJT를 지도하는 방법은 다양하지만, 가장 일반적인 유형에는 일상적인 지도와 계획적인 지도가 있다.

① 일상적인 지도: 일상에서 업무 지시를 할 때, 보고를 받을 때, 또는 업무수행 도중에 의식적으로 기회를 잡아 지도해나가는 방법으로 '설명 → 직접 시범 → 실습시킴 → 조언 및 교정'으로 진행한다. 실수를 했을 때는 직접 야단치기보다는 '왜 그런 일이 일어났는지', '어떻게 하면 재발을 방지할 수 있는지' 등 원인과 해결방안을 생각하게 하여 점차 스스로 일을 할 수 있도록 하는 방법이다.

② 계획적인 지도: 개인별 지도계획서를 작성하여 계획서에 따라 지도해나가는 방법이다. 지도목표는 1) 현재 업무를 수행하는 데 필요한 역량 2) 장래 육성하고 싶은 역량 등 두 가지가 되어야 한다. 이 계획적인 지도가 활성화되려면, 선배 사원이 작성하는 지도계획서 등 행정서류들을 간소하고 운영하기 쉽게 만들어야 한다.

OJT를 성공적으로 운영하기 위해서는 체계적이고 시스템적인 운영이 필요하다. 우선은 합리적인 제도를 구축하고 이를 지속적으로 소통하고 평가 등을 통해서 강화해야 한다. 무엇보다도 중요한 것은 현장직원의 참여와 CEO의 관심과 지원이다.

① 합리적 제도 구축: OJT 설계에 현장 직원들의 참여를 통한 현장 위주의 합리적 제도를 구축하고 또한 선배 사원과 비정규직 근로자의 합동 연수를 실시하여 현장 지도체제를 강화해야 한다.

② 소통 활성화: CEO는 직원들에게 OJT의 필요성에 대해서 지속적으

로 얘기해야 하고, 비정규직 근로자 연수 시트, 일상업무 체크리스트, OJT 핸드북 등을 만들어 배포해야 한다.

③ 강화 활동: 선배 사원들의 지도력 강화를 위해 선배 사원들을 대상으로 OJT 연수회 개최 및 follow up 연수를 실시하고, OJT를 상사 또는 선배 사원의 고유 직무로 하고, 인사평가 항목에 포함하여 OJT가 계획적인 지도로써 일어나도록 독려할 필요가 있다.

2. Off JT(Off the Job Training)

Off JT는 현장을 떠나 집단형식으로 이루어지는 교육이다. 이는 연수원이나 외부 교육기관에서 집단적, 전문적, 체계적으로 받는 교육이다. 일반적으로 계층별 교육, 직능별 교육 및 과제별 교육 등 현장과 별도의 장소에서 Off JT 형식으로 이루어진다.

이러한 Off JT는 이론교육이나 업무 외적인 주제로 교육이 이루어진다. 비정규직 근로자의 현장업무와 직접적인 관련을 갖지 않은 보편적인 내용, 예컨대 일반적인 작업에 대한 사고방식이나 작업의 개선방식 및 인간관계 등의 중요성 등과 같은 것을 교육 훈련하는 데 적합하다. 이러한 Off JT에는 강의실 교육, 인간관계훈련, 사례연구, 역할연기 등이 있다.

이러한 Off JT는 전문적이고 체계적 교육, 업무현장으로부터 자유로운 상태에서 다수의 비정규직 근로자에게 통일적이며 조직적인 훈련을 시킬 수 있다. 반면, Off JT는 교육받은 내용을 현장에서 바로 적용해 볼 수 없는 단점이 있다.

3. SD(Self Development)

자기계발(SD)은 비정규직 근로자가 직무 내용 및 직무환경 변화에 적응하도록 스스로 능력을 개발하는 활동이다. 주로 인터넷 강의를 통하여 직무수행능력이나 자신의 부족한 부분을 보충하는 방식이다.

이러한 자기계발은 사내 교육훈련이 이루어지지 않거나 현장에서 실천할 수 없는 교육이 이루어지고 있는 경우에 기업의 중요한 대안이 될 수 있다. 따라서 기업에서 자기계발 활동을 MBO의 항목으로 반영하거나 경력개발 프로그램의 일환으로 설계하여 구성원들의 자기계발 활동을 권장할 수 있다.

오늘날 인터넷 발달과 평생교육이 강조되고 있는 시점에서 자기계발 활동은 기업 특유의 경쟁 우위의 원천으로써 조직의 핵심역량이 될 수도 있지만, 비정규직 근로자의 학습능력에 따라 학습효과가 좌우되고 학습자의 부담이 높다는 것이 단점이다.

IV. 4대 법정 의무교육을 실시해야 한다

사업장의 임직원들은 1년에 1회 이상 4대 법정 의무교육을 받아야 한다. 그것은 성희롱 예방교육, 개인정보 보호 교육, 퇴직연금 교육 및 산업안전·보건교육 등이다(<그림 8-4> 참조).

교육내용	대상자	교육주기	과태료
성희롱 예방교육	전 사업장	연 1회	300만 원 이하
개인정보 보호 교육	"	"	사건 발생 시 최대 5억 원 이하
퇴직연금 교육	퇴직연금 가입사업장	"	1천만 원 이하
산업안전·보건 교육	5인 이상 사업장	분기 1회 (3~6시간)	1인당 3~15만 원

<그림 8-4> 4대 법정 의무교육 내용

1. 성희롱 예방교육

사업주는 임직원들을 대상으로 연 1회 이상 성희롱 예방교육을 실시해야 한다. 근로자 수가 10명 미만이거나 사업주 및 근로자 모두가 동성인 경우에는 홍보물을 게시하는 방법으로 대체할 수 있다.

요즘 사업장에서 성희롱 관련 사건이 늘어나고 있고 이에 대한 판정경향도 엄격해지고 있다는 점을 감안하면, 사업주들은 형식적인 교육보다 실질적인 성희롱 예방교육이 될 수 있도록 노력할 필요가 있다. 이를 실시하지 않을 경우 300만 원 이하의 과태료가 부과된다.

2. 개인정보 보호교육

개인정보를 취급하는 사업장에서는 개인정보보호를 위한 준수사항 등을 교육해야 한다. 이러한 교육대상에는 직원이나 고객의 정보를 취급하는 등 개인정보 취급자는 모두 포함된다. 따라서 인사노무 업무를 담당하는 구성원은 반드시 교육을 받아야 한다.

사업장에서 개인정보유출 발생 시 5년 이하 징역 또는 5억 원 이하의 벌금이라는 무거운 벌칙이 부과된다.

3. 퇴직연금 교육

퇴직연금제도를 설정한 사업장에서는 매년 1회 이상 퇴직연금 제도의 운영 상황 등에 대해 교육해야 한다. 이를 실시하지 않으면 1천만 원 이하의 과태료가 부과된다. 이 교육은 퇴직연금사업자에게 위탁하여 실시할 수 있다.

4. 산업안전·보건 교육

사업장에서는 근로자의 안전과 보건을 유지·증진하기 위한 산업안전·보건 교육을 실시해야 한다. 운영기준이 강화되어, 상시근로자 수가 5인 이상 50인 미만인 도매업, 숙박 및 음식점은 매 분기 별 또는 채용 및 작업내용 변경 시 안전보건 교육을 실시해야 한다.

이는 50인 미만 도매업과 숙박·음식점업의 재해율이 계속적으로 상승하는 추세를 반영한 것인데, 이를 위반하면 교육 대상 근로자 1명당 3~15만 원의 과태료(최대 500만 원)가 부과될 수 있다.

V. 법률적 리스크

1. 교육훈련 기본계획 수립 시 노사협의회 협의 필요

'근로자참여 및 협력증진에 관한 법률' 제21조는 근로자의 교육훈련 및 능력개발 기본계획을 수립할 경우에 노사협의회의 의결을 거치도록 하고 있다. 이것은 교육훈련 기본계획 수립 시에 근로자들의 교육 니즈를 반영하여 현장 적용성이 높은 교육훈련 프로그램을 구축할 수 있도록 하기 위한 것이다.

이것은 교육훈련 기본계획 수립 시에만 의결을 거치도록 되어 있지만, 회사 입장에서는 비정규직 근로자들에 대해 교육훈련을 할 때마다 교육평가 및 피드백 과정을 거쳐 교육훈련의 질을 높이도록 해야 할 것이다.

사용자는 협의회에서 의결된 사항을 정당한 사유 없이 이행하지 아니하면, 1천만 원 이하의 벌금에 처해진다.

2. 위탁교육에 따른 교육비 상환 약정은 유효, 임금 반환 약정은 무효

기업 교육훈련과 관련하여 가장 빈번히 일어나는 법률 분쟁이 위탁교육에 따른 교육비 또는 임금 반환문제이다. 사업장에서는 직원을 외부 위탁 교육을 시키거나 해외유학을 보내면서, 통상적으로 교육 기간의 2배 수 의무복무기간을 두고, 그 의무복무기간을 채우지 않으면 그 동안

지급받은 급여와 교육비를 전액 반환해야 한다는 계약을 체결한다. 이러한 계약에 대하여 판례[28]는 다음과 같이 판시했다.

① 외부 위탁교육 후 일정 기간 근무약정은 적법하며, 일정 기간 근무하지 않을 때 교육비 상환 약정도 유효하다.

② 상여금, 정상급여 반환 약정은 무효이다. 이는 근로기준법 제20조(위약금 또는 손해배상 예정을 금지)에 해당하기 때문이다.

③ 급여를 일부 반환한 경우에도 자유의사에 반하여 이루어진 사정이 있는 때에는 반환을 청구할 수 있다.

④ 강행 법규에 위반한 무효의 약정에 기한 채무변제는 도의에 적합한 비채변제라 할 수 없다.

※ 비채변제: 채무가 없는데도 변제하는 것을 말하며, 이 경우 반환청구권이 발생하지만, 자유로운 의사에 의하여 변제하거나 변제가 도의적으로 적합한 경우 등의 경우에는 반환청구를 할 수 없다.

3. 합숙교육은 교육 내용과 참석 강제성 등을 따져 연장근로 인정 판단

사업장에서는 조직 분위기 쇄신, 단합대회, 직원 리프레시 또는 워크숍 명목으로 1년 한두 차례 사업장을 떠나 1박 2일 등 합숙과정을 실시한다. 이 행사는 보통 밤늦게까지 토론 등 단합대회가 진행된다. 이때 전 직원이 모두 의무적으로 참석하여 행사가 진행되기 때문에 연장근로

---

28 대법원 1996. 12. 20. 선고 95다52222, 52239 판결

의 소지가 있다.

이에 대해 행정해석은 통상 합숙교육은 적응훈련, 업무능력향상, 근로자의 자기계발 등 정상근로와 동일하게 볼 수 없으므로 연장근로수당 지급의 의무가 당연히 발생한다고 보기가 어렵다는 것이다.[29]

4. 노조 전임자의 경우, 교육훈련 불참을 이유로 징계할 수 없음

노동조합 전임자가 회사에서 실시하는 교육·연수·훈련 등에 불참한 경우, 이를 징계사유로 삼을 수 있는가가 문제이다. 판례에서는 이를 부정하고 노조 전임자의 교육훈련 불참을 이유로 징계할 수 없다고 판시하고 있다.[30]

5. 교육훈련 무단이탈 등에 대한 정직처분은 권한 남용에 해당

사업장에서 무단으로 교육훈련 불참이나 교육장 이탈자가 발생한다. 운이 나쁘면 조직 질서 문란을 이유로 징계위원회에 회부되기도 한다. 이 같은 경우 판례는 교육훈련 불참을 이유로 정직처분까지 하는 것은 과도하다는 결정을 내리고 있다.[31]

---

29 근기 68207-214, 2002.2.14.
30 대법 1999.11.23. 선고 99다45246
31 서울고법 2013.3.27. 선고 2012누19450

6. 해외연수 기간은 연차휴가 산정에서 제외

해외연수가 회사의 인정하에 이루어졌고, 교육훈련 수료 후 바로 업무에 복귀하여 계속적으로 근무가 이루어진 경우라면 해외연수 기간은 소정 근로일에서 제외하는 것이 타당하며, 이 경우 연차유급휴가일수는 산정대상 기간(1년) 중 해외연수 기간을 제외한 나머지 소정 근로일수에 대한 출근비율에 따라 산출된 휴가 일수에 당해 사업장의 연간 총 소정 근로일수에 대한 당해 근로자의 출근일수 비율을 곱하여 산정해야 할 것이다.

(근기 68207-1212, 2002-03-22)

7. 법정교육을 이수하기 위한 위탁교육 중 입은 재해는 업무상 재해에 해당함

(1988.7.22. 재보32546-11063)

칭찬하는 방법

우리는 가끔 다른 사람을 칭찬해주고 싶고 용기를 북돋우고 싶을 때가 있다. 그런데 무슨 말을 해야 할지 몰라 그 순간을 싱겁게 넘기게 되고 칭찬에 인색하다는 말을 듣게 된다.

칭찬은 사회에서나 조직에서 윤활유 역할을 한다. 상대를 칭찬해주는 것은 상대방의 기분만을 좋게 해주는 것이 아니라 칭찬하는 사람 자신에게도 내적으로 평화로운 감정을 감돌게 하고 상대방과 좋은 관계를 형성할 수 있다.

칭찬하는 방법은 2가지이다. 존재감을 인정해 주는 것과 일의 결과를 칭찬하는 것이다. 칭찬을 제대로 하는 방법은 상대방의 존재 가치를 살려주는 것이다. 이때 사실 그대로면 가장 좋지만, 약간 또는 제법 과정이 있는 것이 일반적이다.

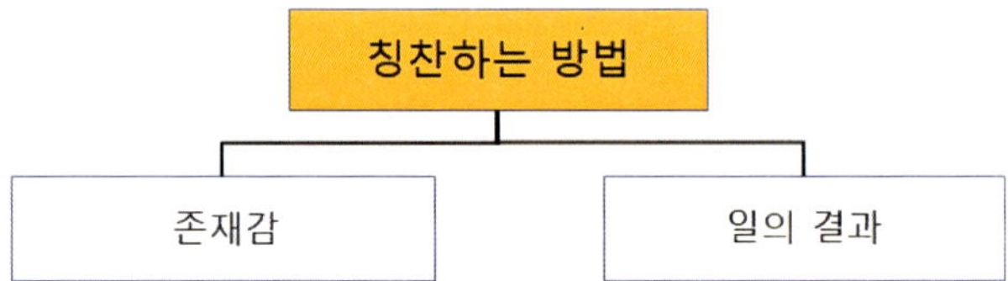

예를 들면, "김지원 씨가 없으니깐, 우리 동우회 질이 떨어지는 것 같아", "박파견 씨가 없으니깐 일의 진척이 안 되고, 신선한 아이디어가 안 나와."

그리고 상대방 일의 결과에 대해 칭찬해주는 것은 동기부여를 이끌어내는 데도 중요한 역할을 한다. 그리고 타이밍을 놓치지 않는 것도 중요하다.

예를 들면, "이무기 씨의 PT 그림의 연결선 처리가 너무 예쁜데… 나에게도 좀 알려주세요", "(아내에게) 오늘 된장찌개 죽이는데", "(아빠를 도와준 아들에게) 야, 너 힘이 정말 세구나"라고 하는 것이다.

긍정적인 마인드는 이런 칭찬에 인색하지 않은 것으로 시작된다. 늘 깨어 있으면서 칭찬할 수 있는 순간 포착을 놓치지 않도록 해야 한다.

너를 위하고, 나를 위하고, 조직을 위해서!

제9장

임 금 관 리

비정규직 근로자들을 위해 따뜻한 인사노무관리가 되기 위한 임금관리는 저임금을 극복하고 적정수준 확보를 통하여 동기부여를 강화하는 임금관리가 되어야 한다. 이러한 동기부여를 강화하는 임금관리를 위해서는 임금수준은 지속적으로 인상하고, 임금체계는 단순하고 안정적으로 운영되어야 한다. 그리고 사업장에서는 통상임금과 평균임금을 적법하게 운용하여 각종 수당이나 임금을 적절하게 지급하여야 하고, 저임금의 bottom line인 최저임금도 반드시 준수해야 한다. 이러한 과정에서 법률을 위반하여 법적 분쟁 등이 발생하지 않도록 법률적 리스크도 관리해야 한다.

I. 동기부여를 강화하는 합리적인 임금관리가 되어야 한다

비정규직 근로자의 2대 이슈는 고용불안과 저임금이다. 고용불안에 대해서는 개선을 위한 사회적 합의가 어느 정도 진척이 있는데, 저임금 문제는 쉽게 정답을 찾을 수가 없다. 그것은 임금은 양면성을 가지고 있기 때문이다. 임금은 근로자에게는 생활의 기반이지만, 사업장에서는 제조원가에 해당하여 경쟁력의 원천이 된다. 그래서 비정규직 근로자들은 높은 임금을 기대하지만, 사업장에서는 근로자들의 기대를 충분히 만족시켜 줄 수 없다. 여기서 합리적인 임금관리의 필요성이 제기된다.

임금이라 함은 사용자가 근로의 대상으로 근로자에게 임금, 봉급 기타 여하한 명칭으로 지급하는 일체의 금품을 말한다. 사업장에서 합리적인 임금관리가 이루어져야 하는 이유는 임금이 구성원들의 성과향상에 중요한 영향을 미치기 때문이다. 이를 뒷받침하는 것이 기대이론이다.

기대이론에 따르면, 근로자가 노력하면 달성 가능한 성과 수준이 주어지고, 그 성과에 대한 합당한 보상이 이루어지고, 그 보상에 대한 근로자의 만족감이 높다면, 그는 동기부여가 되어 더욱 열심 노력할 것이고, 그 결과 한층 높은 성과를 달성하게 된다는 것이다(그림 9-1 참조). 예를 들면, 감을 따려는 동기는 감이 딸 수 있는 높이에 열려 있고, 감을 좋아한다면 감을 열심히 따려고 노력할 것이라는 이치와 같다.

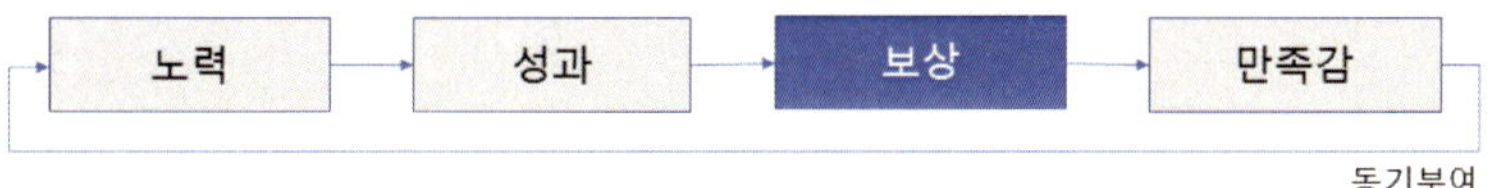

<그림 9-1> 기대이론

하지만 기대이론에 의하면 비정규직 근로자에게 성과향상 노력을 기대하기 힘들다. 비정규직 근로자의 낮은 임금수준은 동기부여 수준을 저하시키기 때문이다. 따라서 기업에서 비정규직 근로자들을 효과적으로 활용하기 위해서는 성과와 연계된 합리적인 임금수준이 보장되어야 한다.

따뜻한 인사노무관리를 위한 임금관리는 <그림 9-2>에서 보는 바와 같이 저임금을 극복하고 적정수준을 확보하여 임금의 동기부여 성격을 강화해야 한다. 이를 위해 임금수준은 지속적으로 인상하고, 임금체계는 단순하고 안정적으로 운영되어야 한다. 그리고 통상임금과 평균임금을 적절하게 운용하고, 저임금의 bottom line인 최저임금도 반드시 준수해야 한다. 이러한 과정에서 법률을 위반하여 법적 분쟁 등이 발생하지 않도록 법률 리스크도 관리해야 한다.

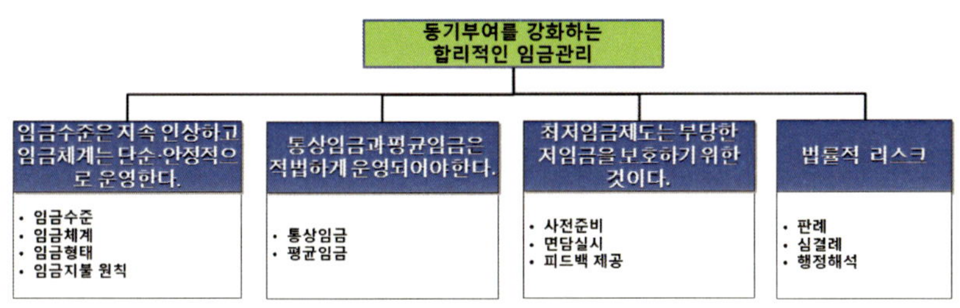

<그림 9-2> 임금관리 구조

임금은 누구에게나 민감하기 때문에 양날의 칼과 같다. 임금은 동기 부여를 위한 중요한 수단이지만, 낮은 임금수준이나 불공정한 배분은 노사 분쟁을 불러온다. 그래서 합리적인 임금관리가 중요하다. 그러나 합리적인 임금관리를 위한 임금인상이나 임금체계 단순화 등은 쉽지 않으므로 모두의 헌신과 노력이 필요하다. 그러므로 합리적인 임금관리는 성과향상과 노사안정을 가져오고, 사업장 경쟁력 확보에 중요한 요소가 된다.

Ⅱ. 임금수준은 지속 인상하고,
임금체계는 단순·안정적으로 운영한다

1. 임금수준

임금수준이란 구성원들의 평균 임금수령액을 말하며, 전체 인건비에서 구성원 수로 나눈 것이다. 임금수준이 너무 높으면 제품이나 서비스 경쟁력이 취약해지고, 반대로 너무 낮으면 우수한 구성원을 확보하거나 유지하기가 힘들고 생계활동에도 지장을 초래한다.

비정규직 근로자의 월평균 임금수준은 〈그림 9-3〉에서 보는 것처럼, 149만 4천 원으로 정규직의 53.5% 수준이며, 신분이 보장된 무기계약직의 임금수준도 정규직의 59% 수준에 불과하다. 신분전환에도 불구하고 무기계약직 근로자는 여전히 정규직과 임금 격차가 큰 '무기한 비정규직'에 불과하다.

사업장에서 적정한 임금수준은 어느 정도를 말하는 것일까? 일반적으로 최저 생활 수준을 보장하고 경쟁사와 유사한 임금수준을 유지하면서 구성원들에게 근로의욕을 고취하는 수준의 임금이다.

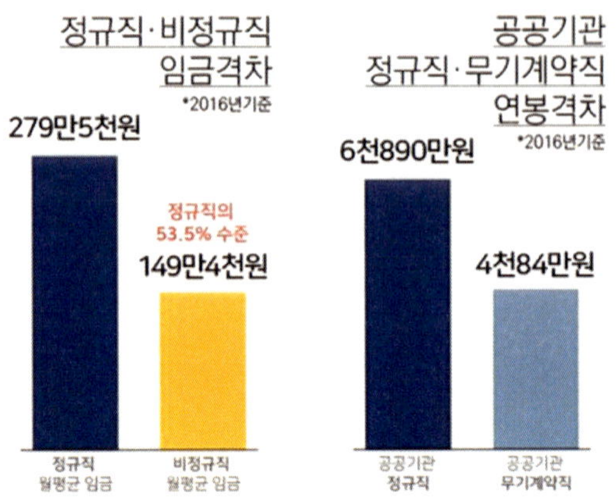

<그림 9-3> 정규직과 비정규직의 임금수준 비교(2016년)[32]

이러한 적정 임금수준을 확보하기 위해서는, 회사의 지불 능력 범위를 벗어나서는 안 되고 최저 생계비 이하 수준이어서도 안 된다, 따라서 비정규직 근로자의 임금수준은 다음 두 가지 조건을 만족시켜야 한다.

① 임금수준은 생산성 범위 내에서 운영되어야 한다.
② 1인이 벌어서 최소 가족(부부)은 먹고 살 수 있어야 한다.

2017년도 2인 가족 최저 생계비는 월 1,688,669원으로 이를 시급으로 환산하면 8,080원이다. 이는 2016년도 비정규직 근로자 평균 시급인 7,148원(=1,494,000÷209)보다 약 13% 더 높은 수준이다. 비정규직 근로자의 임금 인상으로 사업장의 고용감소에 영향을 미치지 않으려면 그 인상률은 사업장의 생산성 범위 이내에서 이루어져야 한다. 그런데 2016

---

32 1) 연합뉴스, '숨겨진 통계, 그 안에 고달픈 비정규직이 있다', 20017/05/21
　　 2) '2016년 8월 경제활동인구조사 근로 형태별 부가조사 결과'

년 1인당 부가가치 생산성 증가율[33]이 3.0%이므로 매년 3%씩 4년간 꾸준히 인상(8,006원=7,148(1+0.03×4))한다면 사업장에 부정적인 영향을 최소화하면서 비정규직 근로자의 임금수준을 겨우 2017년도 최저생계비 수준에 맞출 수 있다(물가인상률 비고려).

비정규직 근로자의 임금여건 개선에는 사업장만의 노력으로는 시간이 너무 오래 걸린다. 개선 시간을 단축하고, 소득 양극화 현상을 완화하기 위해서는 정규직 근로자의 일정 수준 양보가 절대적으로 필요하다. 정규직 근로자의 임금수준은 <그림 9-3>에서 보듯이 평균적으로 비정규직 근로자의 1.87배이고, 인원 또한 비정규직 근로자의 2.05배이다.

따라서 이러한 정규직 근로자의 임금요소들을 감안하고 2018년도 최저임금(7,530원)을 적용하면, <그림 9-4>에서 보듯이 정규직 근로자들이 자신의 잠재적 임금상승률(3.0%)에서 대략 1/3 수준(1.12%)을 비정규직 근로자 임금인상 재원으로 양보한다면 비정규직 근로자의 임금수준은 2017년도의 2인 가족 최저생계비에 근접할 수 있다.

최저생계비와 최저임금의 차액(2018년)			기업 및 정규직부담			비고
최저생계비(a)	최저임금(b)	차액(c=a-b)	기업부담(3%)(d)	정규직 부담(2.6%)(e)	소계(f=d+e)	(g=c-f)
8,080원	7,530원	550원	226[1])원	329[2])원	555원	-5원

1) 226 = 7,530 x 0.03
2) 329 = 2,795,000 ÷ 209(정규직 임금수준) x 0.012 x 2.05(정규직의 비정규직 대비 인원)

<그림 9-4> 적정임금 인상을 위한 기업 및 정규직 분담 수준

---

33 e-나라 지표의 2016년도 분기별 증가율의 평균값

이렇게 기업의 잠재성장능력을 해치지 않고 비정규직 근로자에게 최저 생계비 수준을 보장하기 위해서는 정규직 근로자의 양보와 배려가 필요하다. 이를 통하여 비정규직 근로자는 근로의욕이 고취되어 생산성이 향상되면, 결국 그 과실은 다시 정규직 근로자에게로 환원된다. 서로 윈-윈이 이루어지는 셈이며, 이는 사업장 경쟁력의 기반이 되는 강력한 조직문화로 탈바꿈하는 것이다.

2. 임금체계

임금체계는 임금항목의 구성요소이다. 일반적으로 기본급, 제수당, 법정수당, 상여금 등으로 구성된다. 2014년도 국내 한 일간지에서 100인 이상 사업장 978개를 조사한 결과, 우리나라 기업들의 임금체계는 기본급 비중이 57.3%이며, 각종 수당이 25.1%, 상여금이 17.6%를 차지하고 있는 것으로 나타났다.

따라서 우리나라 임금체계는 기본급을 어떻게 운영하느냐의 문제로 귀착된다. 기본급은 정상적인 근로에 대한 보상이다. 정상적인 근로에 대한 보상은 사업장에서 임금책정의 기준에 영향을 받는다. 즉 연공에 대한 보상이면 연공급이 되고, 직무성과에 대한 보상이면 직무급, 직무수행능력에 대한 보상이면 직능급, 역할에 대한 보상이면 역할급으로 된다.

비정규직 근로자는 주로 지원·보조 업무 또는 단기성 업무 등을 담당한다. 이들 직무를 분리하여 별도의 직무급으로 형성할 수는 있으나 직무의 중요성이나 난이도에 따라 직무등급을 구분하기는 너무 단순하다.

따라서 비정규직 근로자 직무급의 이러한 문제점은 직무역할급으로 보완이 가능하다.

직무역할급은 직무급 내에서 역할과 책임에 따라 임금을 차등하는 제도이다. 즉, 역할 수행의 정도에 따른 개인별 임금이 달라진다. 이러한 직무역할급은 '동일노동-동일임금' 취지를 반영할 수 있을 뿐만 아니라 역할 중심의 직급체계 등과 정합성을 가지게 된다.

직무역할급 구축 프로세스는 직무분석, 역할분석 및 임금등급 결정의 프로세스로 진행된다. 직무분석 및 역할분석은 제4장의 직무 프로파일과 제7장의 직급체계 설계에 따라, 비정규직 근로자의 직무·역할은 '사원급-선임급-책임급' 등 3단계로 구분된다.

임금등급 결정은 동일 직급 내의 임금 차등은 적게 하고, 역할등급 간에는 적정한 임금 차등이 필요하다. 동일직급 내에서는 평가 차등을 최소화하고, 지식과 숙련도가 높은 상위 역할(직급) 근로자에게는 높은 급여를 보상하는 것이다.

이러한 임금정책을 바탕으로 Pay Band를 설계하면 <그림 9-5>의 형태를 가지며, 다음과 같은 특징이 있다.

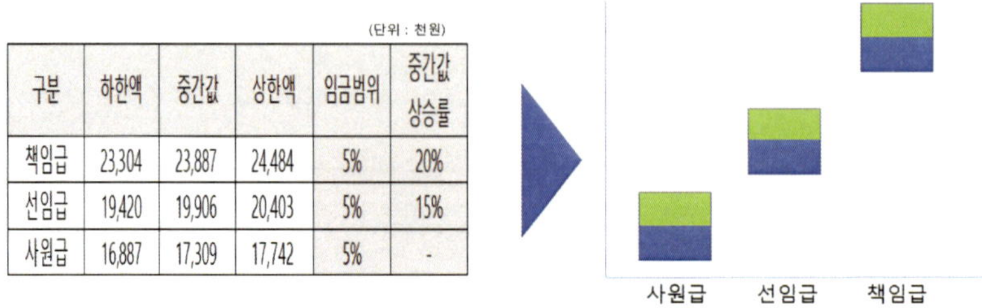

구분	하한액	중간값	상한액	임금범위	중간값 상승률
책임급	23,304	23,887	24,484	5%	20%
선임급	19,420	19,906	20,403	5%	15%
사원급	16,887	17,309	17,742	5%	-

<그림 9-5> Pay Band 설계(예시)

첫째, 임금수준의 최저 하한선인 사원급의 하한액은 최저 생계비인 연봉 16,887천 원(2인 가정 기준)으로 한다.

둘째, 임금 범위(Range Spread)는 직급 내에 차등이 크지 않은 수준(5%)으로, 전 직급을 동일하게 운영한다. 다만, 아웃라이어는 별도 보상한다.

셋째, 중간값 상승률은 상위직급으로 갈수록 역할의 중요성을 고려하여, 급여가 점점 체증하는 구조(10%→15%)이다.

넷째, 밴드 간 중첩이 없는 구조는 정규직 근로자의 최하위 직급 간의 격차도 고려해야 하기 때문이다.

3. 임금형태

사업장의 임금 지불 형태가 시급제인가, 월급제인가, 연봉제인가 또는 성과급제인가에 따라 구성원들의 경제적 안정감이나 근로의욕에 영향을 미친다. 시급제에서 연봉제로 갈수록 경제적 안정감이 높아지므로 양질의 노동력 확보 및 유지가 가능하다. 따라서 사업장에서 임금형태를 어떻게 가져가느냐는 중요한 문제이다.

임금형태 관리는 임금의 계산 및 지불 등 임금 지급방식에 관한 것이다. 사업장의 임금 지급 형태의 대표적인 방법은 시(간)급제와 제품단위당 차등 지급하는 성과제이다. 시급제, 즉 고정급제로 지불하는 형태로는 시급, 일급, 주급, 월급, 연봉제 등이 있고, 성과급제로 지급되는 대표적인 형태로는 성과배분 제도와 이윤배분 제도가 있다.

※ **성과배분 제도**(Gain Sharing)와 **이윤배분 제도**(Profit sharing)
① **성과배분제도**는 종업원들이 경영에 참가하여 원가절감, 생산성 향상 등의 활동을 통해 조직성과의 향상에 따라 몫이 결정되는 제도이다. 성과배분 제도는 매출액이나 이익증대가 아닌 생산비 절감 또는 생산성 향상을 목표로 한다는 점에서 단순 이윤배분제와는 구별된다.
② **이윤배분제도**는 기업 이익의 일부를 사전에 정해진 분배공식에 의해 종업원에게 분배하는 것으로서 그 금액이 사전에 정해지는 것이 아니라 기업의 이익 크기에 따라 사후적으로 결정된다.

사업장에서 임금형태를 고정급제와 성과급제를 혼합하여 사용하는 대표적인 방법이 연봉제이다. 연봉제는 근속 연수나 연령 등 연공과 관계없이 성과평가를 통해 임금을 지급하는 형태이다. 〈그림 9-6〉에서 보듯이, 기본급은 고정급성이 강하고, 업적연봉은 성과급성이 강하다.

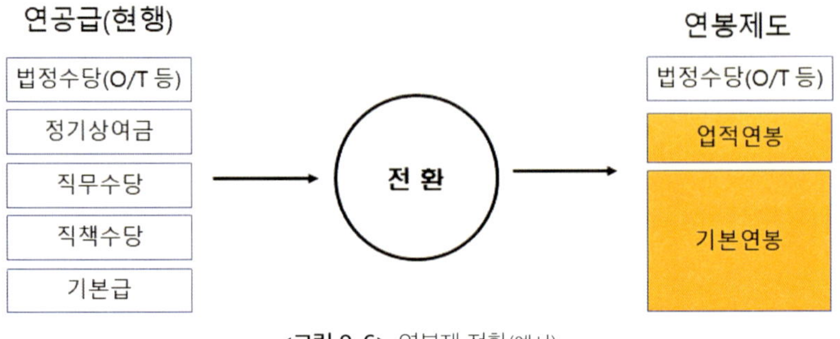

<그림 9-6> 연봉제 전환(예시)

연봉제를 도입하게 되면 <그림 9-6>에서처럼 임금관리가 단순해지고, 임금의 공정성이 확보되어 동기부여가 활성화될 수 있다. 비정규직 근로자의 연봉제는 이보다 더욱 단순하게 설계·운영할 필요가 있다.

한편 연봉제와 유사하지만, 전혀 다른 성격의 임금형태로는 포괄산정임금제도가 있다.

포괄산정임금제도는 노사 당사자 간 약정으로 연장, 야간, 휴일 근로시간 등을 미리 정한 후 매월 일정액의 제수당을 기본임금에 포함하여 지급하는 방식이다.

이러한 포괄산정임금제도에는 탈법적인 소지가 있다. 사업주들이 근로자들의 장시간 근로에 대한 보상을 포괄산정임금이라는 미명하에 정상적으로 지급하지 않기 때문이다. 특히 이 제도는 고용이 불안정한 비정규직 근로자에게 더욱 악용 소지가 높다.

4. 임금지불원칙

임금은 그 액수가 얼마냐 하는 것이 대단히 중요한 문제다. 하지만 그보다 더 중요한 것은 그 임금 전액이 근로자에게 직접 전달되어야 한다는 점이다. 그래서 임금은 근로자 본인이 신속하고 확실하게 수령하도록 해야 한다.

근로기준법 제42조에서는 임금지급의 4대 원칙을 정하고 있다. 즉 ① 통화 지급의 원칙 ② 직접 지급의 원칙 ③ 전액 지급의 원칙 ④ 월 1회 이상, 정기 지급의 원칙이 그것이다. 자세한 내용은 아래 〈그림 9-7〉과 같다.

구 분	취 지	금지의 내용	예 외
통화지급의 원칙 (돈으로 줘라)	교환하기에 가장 유리한 통화로 지급해야 하며, 회사제품 등 현물급여는 금지	임금으로 주택이나 기숙사, 정기승차권, 어음, 주식 등으로 지급할 수 없음	법령이나 단체협약에 특별한 규정이 있는 경우. 예를 들면, 선원법에 의거 선원에게 기항지 통화로 지급하는 것 등은 가능
직접지급의 원칙 (일한 직원에게 줘라)	직업중개인, 친권자·후견인 등의 대리수령으로 중간착취 등의 폐습을 방지	· 근로자의 친권자 기타 법정 대리인, 임의대리인 등이나 · 조합원으로부터 위임 받은 노조간부 등에게 지급불가	· 근로자 동의를 전제로 한 은행구좌 · 선원법에 의한 가족에게 지급 · 민사소송법에 의한 임금의 ½범위 내 압류 · 국세징수법에 의거 임금 압류처분
전액지급의 원칙 (떼지 말고 몽땅 줘라)	위약예정, 전차금상계, 강제저금 금지 등과 함께 강제근로의 폐단을 예방하고 임금전액을 보장함으로써 근로자의 생활안정 목적	사용자의 채권과 임금채권을 상계하는 것은 불가	· 가불이나 결근 등으로 귀책사유로 감액된 금액은 공제가능 · 과·오납된 임금의 정산 가능 · 법령에 의한 세금, 4대 보험 등 · 단체협약에 의한 구매대금, 대부금, 조합비
월1 회상 이상, 정기지급의 원칙 (1달에 1번 이상 줘라)	임금의 지급 기일이 너무 길거나 일정치 않으면 근로자의 안정된 생활을 보장할 수 없기 때문에, 이를 막기 위한 목적	임금지급일을 변동 기일로 정하는 것 · 매월 20일에서 25일 사이라든지(6일 변동) · 매월 둘째 금요일(7일 변동)	· 결혼수당이나 재해위문금처럼 임시 돌발적인 사유로 지급하는 것 · 1월을 초과하여 지급하는 정근수당, 능률수당, 상여금 기타 부정기적으로 지급하는 제수당

〈그림 9-7〉 임금지급의 4대 원칙

III. 통상임금과 평균임금은
적법하게 운영되어야 한다

통상임금과 평균임금은 각종 수당이나 퇴직금 등의 산정기준이 된다는 점에서 유사하지만, 그 개념이나 구체적인 용도는 전혀 다르다. 통상임금은 소정 근로 또는 총 근로에 대한 대가로 주로 시급으로 책정하는 반면, 평균임금은 3개월 평균으로 본 1일 임금으로 책정한다. 또한, 통상임금은 정기적·일률적·고정적으로 지급되는 임금이지만 평균임금은 근로의 대가로 지급되는 전체 임금을 포함한다. 따라서 평균임금은 <그림 9-8>에서 보는 바와 같이 통상임금을 포함하는 개념이다.

<그림 9-8> 통상임금과 평균임금의 관계

한편, 통상임금과 평균임금은 서로 보완적 역할도 한다. 예를 들어, 정직 3개월 후에 퇴직하는 경우, 자칫 평균임금이 통상임금보다 낮을 수가 있다. 이 경우 평균임금 산정 결과, 평균임금이 통상임금보다 적을 경우에는 근로자의 생활보장을 위하여 통상임금을 평균임금으로 한다. 또한, 휴업수당을 지급할 때 평균임금의 100분의 70에 해당하는 금액이 통상임금을 초과하는 경우에는 통상임금을 휴업수당으로 지급할 수 있다.

1. 통상임금

통상임금이라 함은 소정 근로 또는 총 근로에 대한 대가로서 정기적, 일률적, 고정적으로 지급되는 임금이나 수당을 말한다.

- 정기적으로 지급되는 임금이란 1개월 이상의 주기로 지급되더라도 정기적으로 지급되는 임금은 통상임금이 될 수 있다.
- 일률적이란 일정한 요건을 갖춘 대상자에게 일률적으로 지급되는지 여부를 말한다. 예를 들이 가족수당을 가족 수에 따라 차등지급하면 통상임금은 아니지만, 가족 수와 관계없이 동일하게 일률적으로 지급하면 통상임금이 된다.
- 고정적이란 근로일이나 근로시간 등의 조건과 관계없이 고정적으로 지급되는지 여부를 말한다. 예를 들어 식대를 한 달에 15일 이상 근무한 직원에게만 지급하는 경우에는 고정성이 결여되어 통상임금에 포함되지 않는다.

통상임금의 역할은 연장근로수당 등 일정한 수당을 지급하기 위해 기준금액이 되는 것이다. 통상임금을 기준금액으로 하는 급여나 수당은 〈그림 9-9〉에서 보는 바와 같이, 해고예고수당, 휴업수당, 연장·야간·휴일근무수당, 연차휴가수당, 출산휴가급여, 육아휴직급여 등이다.

임금	관련법률	지급기준
해고예고수당	근로기준법 제26조	1일 통상임금 x 30일
휴업수당	근로기준법 제46조	평균임금 70%(또는 통상임금의 100%) x 휴업일수
연장,야간,휴일근로 가산임금	근로기준법 제56조	연장, 야간, 휴일근로시간 수 x 통상임금 x 50%
연차휴가수당	근로기준법 제60조	1일 통상임금 x 미사용 연차휴가일수
출산휴가급여	고용보험법 제76조	1일 통상임금 x 90일(상한액 월 통상임금 135만원)
육아휴직급여	고용보험법 시행령 제95조	· 첫 3개월 : 월 통상임금 x 80%(150~70만원) · 나머지 9개월 : 월 통상임금 x 40%(100~50만원)

<그림 9-9> 통상임금이 기준이 되는 급여[34]

2. 평균임금

평균임금이란 이를 산정하여야 할 사유가 발생한 날 이전 3개월간에 그 근로자에 대하여 지급된 임금의 총액을 그 기간의 총일수로 나눈 금액을 말한다. 따라서 평균임금은 일급으로 산정되며, 이는 근로자의 평균적인 생활을 보장하는 역할을 한다.

$$\text{평균임금} = \frac{\text{사유발생한 날 이전 3월간의 임금총액}}{\text{사유발생한 날 이전 3월간의 총일수}}$$

사유가 발생한 날 이전 3개월간 임금총액에는 기본급, 각종 수당, 연차휴가수당(3/12) 및 상여금(3/12)이 포함된다. 그리고 사유 발생한 날 이전 3개월간의 총 일수는 3개월간의 역일수를 의미한다. 하지만 근로자들이 불이익을 당하지 않도록 평균임금의 산정에서 제외되는 기간과 임금은 다음과 같다.

① 업무수행으로 인한 부상 또는 질병의 요양을 위하여 휴업한 기간

---

34 '노동 OK', 대한민국 NO. 1 노동정보

② 사용자의 귀책사유로 인한 휴업 기간

③ 수습 기간

④ 적법한 쟁의행위 기간

⑤ 군 복무 기간, 향토예비군 훈련, 민방위 훈련 기간

⑥ 산전후 휴가 기간

⑦ 육아휴직 기간

⑧ 업무 외 부상 또는 질병으로 인하여 사용자의 승인을 얻어 휴업한
   기간

평균임금이 기준금액으로 하는 급여나 수당은 <그림 9-10>에서 보는
바와 같이, 퇴직금, 휴업수당, 휴업급여, 실업급여 등이다.

임금	관련법률	지급기준
퇴직금	근로자퇴직급여보장법 제8조	1일 평균임금 x 30일 x (재직일수/365)
휴업수당	근로기준법 제46조	평균임금 70%(또는 통상임금의 100%) x 휴업일수
휴업급여	산업재해보상보험법 제52조	1일 평균임금 x 휴업일수
실업급여	고용보험법 제45조, 제46조	1일 평균임금 x 50% x 구직일수

<그림 9-10> 평균임금이 기준이 되는 급여[35]

---

35 노동OK, 대한민국 NO.1 노동정보

IV. 최저임금제도는 4인 이하 사업장에서도 지켜져야 한다

최저임금제도는 국가가 근로자에게 최소한의 인간적인 생활을 보장하고 노동력의 재생산을 위해 법으로 최저임금액 이상의 임금을 지급하도록 하는 제도이다. 최저임금법은 노동자를 사용하는 모든 사업장에 적용된다. 근로계약에서 최저임금액에 미달하는 임금으로 정했다면, 그 부분에 한하여 무효가 되고 최저임금액으로 지급하기로 한 것이 된다.

최저임금이라고 함은 미리 정해진 조건과 지급률에 따라 소정 근로에 대하여 매월 1회 이상 정기적·일률적으로 지급하는 임금 또는 수당을 말한다(<그림 9-11> 참조). 따라서 최저임금에는 1개월을 초과하여 지급하는 상여금이나 소정 근로의 대가가 아닌 연장·야간·휴일근로수당이나 복리후생 성격의 수당인 가족수당, 식대, 통근수당 등은 포함되지 않는다.

구분	최저임금 해당	최저임금에 해당되지 않음
해당 요건	1. 단체협약·취업규칙 또는 근로계약에 임금항목으로서 지급근거가 명시되어 있거나 관례에 따라 지급하는 임금 또는 수당 2. 미리 정해진 지급조건과 지급률에 따라 소정근로에 대하여 매월 1회 이상 정기적·일률적으로 지급하는 임금 또는 수당	1. 매월 1회 이상 정지적으로 지급하는 임금외의 임금 2. 소정의 근로시간 또는 소정의 근로일에 대하여 지급하는 임금 외의 임금 3. 그 밖에 최저임금액에 산입하는 것이 적당하지 않은 임금
사례	직무수당·직책수당, 물가수당·조정수당, 기술수당·면허수당·특수작업수당·위험작업수당, 벽지수당·한냉지근무수당 등	1. 1개월을 초과하는 기간에 걸친 해당 사유에 따라 산정하는 장려가급(獎勵加給)·능률수당 또는 상여금 2. 연차휴가 근로수당, 유급휴가 근로수당, 유급휴일 근로수당, 연장시간근로·휴일근로에 대한 임금 및 가산임금, 야간근로에 대한 가산임금, 일직·숙직수당 3. 가족수당·급식수당·주택수당·통근수당 등

<그림 9-11> 최저임금에 해당되는 임금항목

최근 4년간 최저임금액의 인상평균은 7.5%이다(<그림 9-12> 참고). 하지만 2018년도 최저임금은 7,530원으로, 이는 전년도 대비 16.4%나 상승하여 그동안 평균인상률(7.5%)의 두 배를 넘는 수치이다. 앞으로 최저임금 시급이 10,000원 될 때까지 고공행진은 계속될 전망이다. 그래서 이 수준을 놓고 사회에서는 갑론을박의 논쟁이 치열하고, 향후 노동관계의 핵심이슈가 될 전망이다.

구분	2014	2015년	2016년	2017년	2018년
시간급	5,210	5,580	6,030	6,470	7,530
인상률		7.2%	8.1%	7.3%	16.4%

평균인상률 : 7.5%

<그림 9-12> 최저임금액 현황(최근 5년간)

최저임금 고공 인상에 대한 찬성과 반대 의견을 종합하면 다음과 같다. 찬성 의견은 기대이론을 바탕으로 최저생계비 수준 확보로 비정규직 근로자의 삶의 질이 향상되고 이는 기업의 생산성 증가로 이어진다는 주장이다. 이에 대해 반대 의견은 생산비이론을 바탕으로 지나친 임금 인상은 제조원가를 인상시켜 사업장 경쟁력을 저하시킨다는 주장이다.

모두가 틀린 말은 아니다. 아직 최저임금이 2인 가정의 최저생계비(시급 8,080원)에 미치지 못하고 있다는 점에서는 찬성 쪽이 설득력이 있다. 하지만 지나치게 빠른 인상 속도는 영세기업들의 폐업이나 고용 축소 또는 사업장 해외 이전을 촉진할 우려가 있다. 아무튼, 최저임금의 고공 인상에도 불구하고, 사업장의 피해를 최소화하고, 장기적으로 근로자 생계에도 부정적인 영향이 없도록 하는 지혜가 필요하다.

V. 법률적 리스크

　　근로자가 수습을 받기로 하고 채용되어 근무하다가 수습 기간이 끝나기 전에 평균임금 산정사유가 발생한 경우, 평균임금을 산정하는 기준 임금은 평균임금 산정사유 발생 당시의 임금, 즉 수습사원으로서 받는 임금을 기준으로 평균임금을 산정하는 것이 평균임금 제도의 취지 등에 비추어 타당하다.

(대법원 2014. 9. 4. 선고 2013두1232 판결)

　　근로자가 희망퇴직과 동시에 계약직으로 다시 채용된 지 3개월 이내에 평균임금 산정사유가 발생한 사안에서, 실질적으로 1개의 계속된 근무관계가 존재한다고 보아 희망퇴직 전의 근무 기간을 포함한 3개월간 임금액이 평균임금 산정기준이 되어야 한다.

(서울행법 2008-11-21 선고 2007구단1081 판결)

　　성과급 중 최소지급분, 선택적 복지비는 통상임금에 해당한다.

(울산지법 2017-5-31 선고 2015가합1822·23624(병합) 판결)

　　기간제 근로자임을 이유로 정기상여금을 불리하게 지급한 것은 합리적 이유 없는 차별적 처우이다.

(중노위 2009-5-20, 2009차별3·4병합)

이 사건 근로자들에게 기간제 근로자임을 이유로 임금을 비교 대상 근로자에 비하여 적게 지급한 것은 합리적 이유 없는 차별적 처우에 해당한다.

(중노위 2008-11-3 공포 2008차별23외)

구체적인 차별행위가 기간제법의 차별금지 규정이 시행된 이후에 행해진 경우, 취업규칙 작성, 단체협약 체결 등이 위 차별금지 규정의 시행 전에 이루어졌더라도 차별금지 규정이 적용된다.

(서울고법 2012.07.18. 선고 2012누6324 판결)

중식대와 통근비는 실비변상 내지 복리 후생적인 목적에 따라 지급되는 것으로서 업무의 범위, 업무의 난이도, 업무량 등에 따라 차등하여 지급될 성질의 것이 아니고, 부수적으로 위 급부에 복리 후생적인 목적이 있다고 하더라도 이를 장기근속의 유도와 직접 연관시키기는 어려우므로 중식대와 통근비를 비교 대상 근로자에 비해 적은 금액으로 책정하여 지급한 것은 불리한 처우에 해당하고, 중식대와 통근비를 차별하여 지급한 데에 합리적인 이유가 있는 것으로 볼 수 없다.

(대법원 2012-11-15 선고 2011두11792 판결)

정년퇴직 후 촉탁근로계약을 체결한 근로자들을 비교 대상 근로자에 비하여 불리하게 처우한 것은 촉탁직 근로자인 원고들을 달리 처우할 필요성이 인정되고 그 방법 및 정도 역시 적정한 것으로 보여 그 불리한 처우에 합리적 이유가 있는 것으로 판단되는바, 기간제법 제8조 제1항, 제2조 제3호 소정의 '차별적 처우'에 해당하지 아니한다. 차별적 처우에 해당하지 않는다.

(2013.03.21, 서울행법 2012구합30738)

기간제 교사에게 성과상여금을 지급하지 않는 것은 위법한 차별적 처우이므로, 국가는 적어도 최저 등급의 성과상여금을 지급할 의무가 있다고 판단한 사례

(서울중앙지법 2012-6-25 선고 2011가단170494 판결)

비정규직으로 재직하다 정규직으로 전환한 근로자들에 대해 비정규직 경력을 인정하여 임금지급을 해야 한다.

(서울서부지법 2012-4-19 선고 2011가합2098 판결)

비정규직 근로자들이 정규직보다 임금을 적게 받아 시정신청을 냈다면, 그 시정신청의 효력은 차별 기간 전체에 미친다.

(대법원 2011-12-22 선고 2010두3237 판결)

1년 단위로 기간제 근로계약을 체결하고 근무한 사내변호사에 대하여 방송국이 근로계약 갱신을 거절한 사안에서 근로계약 갱신에 대한 합리적 기대권을 가지므로, 근로계약의 갱신거절에 정당한 이유가 없다면 부당해고와 마찬가지로 그 효력이 없고, 방송국은 복직할 때까지 임금지급의무가 있다.

(서울중앙지법 2012-4-19 선고 2011가합21933 판결)

기간제법 시행일 이후에 전년도 경영실적평가에 따른 성과상여금은

차별금지 규정의 적용대상이 되지 않는다.

(서울고법 2009-7-9 선고 2008누33923 판결)

경영실적평가에 따른 성과상여금을 정규직 근로자들에게만 지급하고 기간제 근로자들에게는 지급하지 아니한 것은 차별적 처우에 해당한다.

(서울행법 2008-10-24 선고 2008구합6622 판결)

기간제 근로자가 받은 차별적 처우는
기간만료 후에도 보상받을 수 있을까?

비정규직 근로자가 기간제 보호법 제9조에 따른 차별적 처우의 시정 신청 당시 또는 시정절차 진행 도중에 근로계약 기간이 만료한 경우에도 차별처우 시정 이익이 있을까? 이에 대해 대법원은 차별적 처우의 시정을 구할 이익이 있는 것으로 판시하고 있다.

그 사유는 비정규직 근로자들이 차별 처우로 받은 임금이나 그 밖의 근로조건의 보상 문제는 재직 시에 받은 불합리한 차별을 바로잡고 근로조건 보호를 강화하려는 것이 목적이지 근로자 지위회복을 위한 것이 아니므로, 그 성질상 근로계약 기간이 만료되었다고 해도 차별 처우 이후 6개월까지는 사라지는 것이 아니라는 것이다.

기간제 및 단시간근로자 보호 등에 관한 법률(이하 '기간제법'이라 한다) 제9조 제1항, 제12조 제1항에 의하면, 기간제 근로자가 차별적 처우를 받은 경우에 그 차별적 처우가 있은 날(계속되는 차별적 처우는 그 종료일)부터 6개월 이내에 노동위원회에 시정을 신청할 수 있고, 노동위원회는 그 신청에 따라 조사·심문을 거쳐 차별적 처우에 해당한다고 판정한 때에는 사용자에게 시정명령을 발한다.

이러한 시정절차는 사용자의 차별적 처우로 말미암아 기간제 근로자에게 발생한 불이익을 해소하여 차별적 처우가 없었더라면 존재하였을 상태로 개선함으로써 기간제 근로자에 대한 불합리한 차별을 바로잡고 근로조건 보호를 강화하려는 데에 그 주된 목적이 있으며, 기간제 근로자 지위를 회복하거나 근로계약 기간 자체를 보장하기 위한 것은 아니므로, 근로계약 기간의 만료 여부는 차별적 처우의 시정과는 직접적인 관련이 없는 사정이라고 할 수 있다.[36]

---

36 대법원 2016-12-1 선고 2014두43288 판결

제10장

근로시간 관리

따뜻한 인사노무관리를 위한 근로시간관리는 법정 근로시간의 준수가 필요하다. 이를 위해서는 법정 근로시간 등이 보호되어야 하고, 휴게·휴일·휴가는 창의력 고양 등 작업 능력 향상을 위해서 필요하다. 또한, 일과 삶의 균형을 위해서 유연근로시간 제도가 활성화되어야 한다. 이러한 과정에서 법적 분쟁 등이 발생하지 않도록 법률적 리스크도 관리해야 한다.

I. 법정 근로시간은 준수되어야 한다

사업장에서는 근로시간을 근태(勤怠)라고 한다. 근태는 근무태도를 말하는 勤態가 아니라 출근과 결근 등을 말하는 勤怠를 말한다. 근태는 근로기준법의 근로시간보다 광의의 개념이라고 볼 수 있다. 예를 들면, 휴게시간은 근로시간에는 들지 않지만, 근태에는 들어간다. 이러한 근태관리에는 출근, 퇴근, 결근, 지각, 조퇴, 휴게시간, 지각, 휴일, 휴가, 출장, 교육, 회의시간, 대기시간, 휴직, 복직 등이 포함된다.

근로시간이란 일반적으로 근로자가 사용자의 지휘·명령하에서 근로를 제공하는 시간이다. 근로시간은 근로자가 그의 노동력을 사용자의 처분 가능한 상태로 둔 시간이면 근로시간이 되며 실제로 사용자가 근로자의 노동력을 사용하였느냐 하는 것은 문제되지 않는다. 그래서 휴게시간은 근로시간에 포함되지 않는 반면, 대기시간은 근로시간에 포함된다.

근로시간에는 〈그림 10-1〉처럼 평균임금 근로시간, 통상임금 근로시간, 법정 근로시간, 소정근로시간, 실근로시간 및 대기시간, 연장·야간·휴일근로시간 그리고 연차휴일근로시간, 휴게시간 등 다양한 종류가 있다. 평균임금 근로시간은 통상임금 근로시간과 연장·야간·휴일근로시간 및 연차휴가일 근로시간(3/12)을 포함한다. 통상임금 근로시간은 법정 근로시간과 주휴일을 합한 시간이다. 법정 근로시간은 실근로시간과 대기시간 등을 합한 시간이며, 실근로시간은 사용자의 지휘·감독 아래에서 근로계약 상의 근로를 제공하는 시간이다. 한편, 소정근로시간[37]이 40시간(1주일 기준)이면, 소정근로시간은 법정 근로시간과 동일하게 된다.

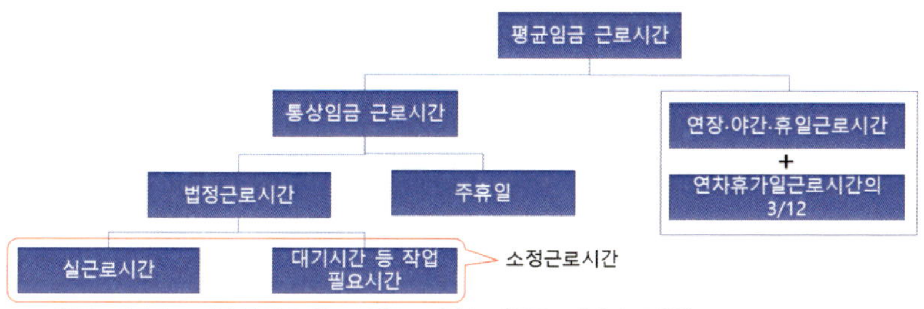

<그림 10-1> 다양한 근로시간 개념

기업은 이러한 근로시간을 합리적으로 운영·관리함으로써 전략목표를 달성하고 생산성을 증대하며 노동력을 보호하고 근로자에게 인간다운 삶을 보장한다. 또한, 노동력 재생산을 위해서는 법정 근로시간 준수와 적정한 유급휴가 등이 필요하다.

그러나 비정규직 근로자의 근로시간 운영 실태를 보면, 노동력 재생산과는 거리가 있다. 2016년 통계청에서 발표한 자료에 따르면, 비정규직 근로자 중에 주 40시간 제의 수혜자는 2명 중 1명에 불과하고, 유급휴가자는 3명 중의 1명 수준이다, 즉, 비정규직 근로자에게는 법정 근로시간이나 유급휴가 제도가 잘 지켜지고 있지 않다.

---

37 소정(所定)근로시간"이란 제50조, 제69조 본문 또는 「산업안전보건법」 제46조에 따른 근로시간의 범위에서 근로자와 사용자 사이에 정한 근로시간을 말한다(근로기준법 제2조 제7호).

따뜻한 인사노무관리를 위한 근로시간관리는 〈그림 10-2〉에서처럼 법정 근로시간의 준수가 필요하다. 이를 위해서는 법정 근로시간 등이 보호되어야 하고, 휴게·휴일·휴가는 창의력 고양 등 작업능력 향상을 위해서 필요하다. 또한, 일과 삶의 균형을 위해서 유연근로시간제도가 활성화되어야 한다. 이러한 과정에서 법적 분쟁 등이 발생하지 않도록 법률적 리스크도 관리해야 한다.

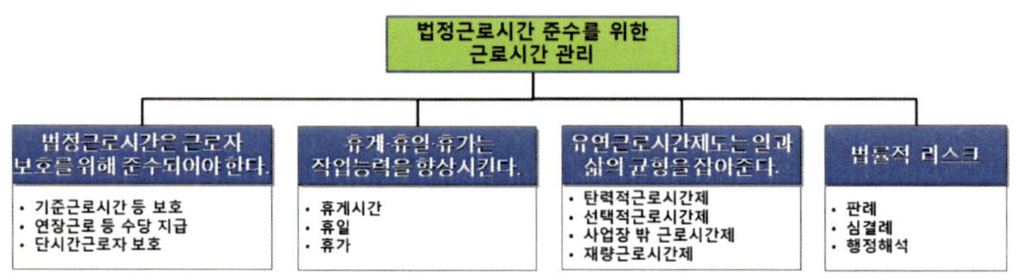

<그림 10-2> 근로시간 관리구조

II. 법정 근로시간은 인간다운 생활을 보장하기 위한 것이다

우리나라의 근로시간은 주 40시간, 1일 8시간을 초과할 수 없는데 이것이 법정 근로시간이다. 법정 근로시간은 법정 근로시간 보호와 연장 근로시간 보상으로 구성된다. 이는 장시간 근로에 따른 정신적·육체적 피로를 회복시켜 근로자로 하여금 재해방지, 노동력 재생산 및 문화적 활동 등을 통해 인간다운 생활을 보장하기 위해서다.

1. 법정 근로시간 보호

법정 근로시간과 연장·야간·휴일근로는 성별, 연령, 작업환경에 따라 달리 보호하고 있다.

① 남성 근로자

법정 근로시간은 〈그림 10-3〉에서 보듯이 1일의 근로시간은 휴게시간을 제외하고 8시간을 초과할 수 없으며, 1주간의 근로시간은 40시간을 초과할 수 없다. 연장근로는 당사자의 합의에 의해 1주 12시간을 한도로 법정 근로시간을 초과 가능하다. 휴일근로는 8시간까지는 연장근로시간에 포함되지 않지만, 8시간을 초과하면 연장근로에 포함되어 1주 12시간 한도의 제한을 받게 된다. 야간근로시간은 연장근로시간에 포함되지 않는다.

구 분	법정근로시간	연장근로시간	야간·휴일근로시간	비 고
남성 근로자	1일 8시간 1주 40시간	1주 12시간 (당사자 합의)	· 야간근로 최대 8시간/1일 · 휴일근로 최대 8시간/1일	야간근로는 연장근로에 포함되지 않으나, 휴일근로의 8시간 초과분은 연장근로에 포함됨.
여성 근로자	상동	상동	본인 동의	
연소 근로자	1일 7시간 1주 40시간	1일 1시간 1주 6시간 (당사자 합의)	상동	15세 이상~18세 미만
산후 1년 미만 여성 근로자	1일 8시간 1주 40시간	1일 2시간 1주 6시간, 1년 150시간 (당사자 합의)	본인 동의, 근로자대표와 성실협의, 고용노동부장관 인가	
임산부	상동 (경이한 근로 전환)	연장근로 불가	본인 명시적 청구, 근로자대표와 성실협의, 고용노동부장관 인가	
유해·위험 작업자	1일 6시간 1주 34시간	연장근로 불가	야간/휴일근로 불가	잠수, 잠함 작업

<그림 10-3> 법정 근로시간 등 보호

② 18세 미만자

1일 7시간, 1주 40시간이 법정 근로시간이며, 당사자 합의에 의해 일 1시간, 1주 6시간 한도 내에서만 연장근로가 가능하다. 하지만 야간 및 휴일근로에는 본인 동의 외에 근로자대표와의 사전 협의 및 고용노동부 장관 인가가 필요하다.

③ 여성 근로자

일반 여성의 법정 근로시간 보호는 남성근로자와 동일하나, 야간 및 휴일근로에서는 본인의 동의가 필요하다는 점에서 남성근로자와 차이가 있다.

산후 1년 미경과 근로자에게는 1일 2시간, 1주 6시간, 1년 150시간을 초과하는 연장근무는 시키지 못한다. 다만, 야간 및 휴일근무에는 본인의 동의와 근로자대표와의 사전 협의 및 고용노동부 장관의 인가가 필요하다.

임신 중인 여성에게는 연장근로가 금지되고, 야간 및 휴일근로에는 임신 중인 여성의 명시적 청구, 근로자대표와의 사전 협의 및 고용노동부 장관의 인가가 필요하다.

④ 유해·위험 작업을 하는 근로자

사업주는 유해하거나 위험한 작업으로서 잠함·잠수작업 등 고기압에서 행하는 작업에 종사하는 근로자에게는 1일 6시간, 1주 34시간을 초과하여 근로하게 하여서는 아니 된다.

2. 연장근로시간 보상

연장, 야간 및 휴일근로에 대해서는 실근로시간의 50% 할증 보상해야한다. 이는 사용자에게 부담을 가중시켜 불필요한 연장근로 등을 근절시키고, 근로자들에게 과중한 근로에 대한 보상을 위한 것이다.

구 분		실 근로시간(a)	연장·심야 할증 (b)	휴일근로 할증 (c)	합계 (a+(ax(b+c)))
평일 근로 (9시~24시)	정상근로	8시간	-	-	8시간
	연장근로	5시간	50%	-	7.5시간
	야간근로 (22~06)	(2시간)[1]	50%	-	1시간
	소계	13시간[2]	-	-	16.5시간
휴일근로 (9시~20시)	유일근로	8시간	-	50%	12시간
	연장근로	2시간	50%	50%	4시간
	소계	10시간	-	-	16시간

1) 야간근로 2시간(22시~24시)은 연장근로 5시간(19시~24시)에 포함되므로 실 근로시간 대가는 없음.
2) 평일 근로 13시간은 총 15시간(9시~24시) 중에서 휴게시간 2시간(점심, 및 저녁 각 1시간)을 제외한 시간임.
3) 27시간 = 평일근로(5시간 X 5일) + 휴일근로(2시간)

<그림 10-4> 시간 외 근로에 대한 할증률 산정(예시)

예를 들어, 비정규직 근로자가 아침 9시부터 24시까지 15시간(휴게시간 2시간 포함) 근무하면 사업주는 〈그림 10-4〉에서 보듯이 13시간(=15-2)을 보상하는 것이 아니라 16.5시간(=8+5×1.5+2×0.5)을 보상해야 한다. 그런데

휴일에 10시간 근무하는 경우에는 사업주는 할증에 할증을 더하여 16
시간(=10×1.5+2×0.5)을 보상해야 한다.

한편, 근로기준법에서 공중의 편의 또는 업무 특성상 필요한 경우, 근
로자대표와의 서면 합의로 12시간을 초과하여 연장근로를 시킬 수 있
다. 이때 12시간 초과분에 대해서는 연장근로수당을 지급해야 한다. 여
기에 해당하는 업종은 다음과 같다.

① 운수업, 물품 판매 및 보관업, 금융보험업
② 영화 제작 및 흥행업, 통신업, 교육연구 및 조사 사업, 광고업
③ 의료 및 위생 사업, 접객업, 소각 및 청소업, 이용업
④ 그 밖에 공중의 편의 또는 업무의 특성상 필요한 경우로서 대통령
령으로 정하는 사업

사업주는 근로자대표와의 서면 합의로 연장근로, 야간근로 및 휴일근
로 임금을 지급하는 대신 휴가로 보상할 수 있다. 이때 보상휴가는 실근
로시간에 가산수당까지 포함하여 지급하여야 한다. 예를 들어, 실제 연
장근로를 2시간 했으면, 휴가 시간은 3시간(=2+(2×50%))을 부여해야 한다.

3. 단시간 근로자 보호

단시간 근로자란 1주 동안의 소정근로시간이 그 사업장에서 같은 종
류의 업무에 종사하는 통상 근로자의 1주 동안의 소정근로시간에 비하
여 짧은 근로자를 말한다. 이들은 학업, 가사 등을 위해 단시간 근로를

선택하는 경우가 많기 때문에, 소정근로시간을 특별히 보호하고 있다.

단시간 근로자의 근로조건은 그 사업장의 같은 종류의 업무에 종사하는 통상 근로자의 근로시간에 대한 비율에 따라 결정된다. 사용자는 단시간 근로자를 소정 근로일이 아닌 날에 근로시키거나 소정근로시간을 초과하여 근로시키고자 할 경우에는 근로계약서나 취업규칙 등에 그 내용 및 정도를 명시하여야 하며, 초과근로에 대하여 가산임금을 지급하여야 한다. 이때 사업주는 근로자와 합의한 경우에만 초과근로를 시킬 수 있다.

그 외에 단시간 근로자를 특별히 보호하고 있는 내용은 다음과 같다.

① 법정 근로시간 이내라도 초과근로(법 내 연장근로)를 하더라도 연장 근로수당을 지급해야 한다.
② 사용자의 부당한 초과근로 지시에 대해 단시간 근로자는 이를 거부할 수 있다.
③ 사용자의 부당한 초과근로 지시를 거부한 경우 불이익 처분을 하지 못하며, 이를 위반하여 불이익 처분을 하는 경우에는 2년 이하의 징역 또는 1천만 원 이하의 벌금에 처한다.

Ⅲ. 휴게·휴일·휴가는 작업능력을 향상시킨다

1. 휴게시간

휴게시간은 비정규직 근로자가 근무시간 도중에 사용자의 지휘·감독으로부터 벗어나 자유롭게 이용할 수 있는 시간이다. 통상 사업장에서는 휴게시간을 점심시간으로 활용하고 있다. 휴게시간은 잠시 신체적·정신적인 긴장으로부터 피로를 회복하는 시간이므로, 작업능력 향상과 재해 예방에 도움이 된다.

사용자는 근로시간이 4시간인 경우에는 30분 이상, 8시간인 경우에는 1시간 이상의 휴게시간을 근로시간 도중에 주어야 한다. 휴게시간은 근로자가 자유롭게 이용할 수 있어야 하고, 이 점에서 대기시간과 다르다.

휴게의 사전적 의미는 '일을 하거나 길을 걷다가 잠깐 쉰다'는 의미로 근로 도중에 쉬는 것을 말한다. 휴게시간은 근로시간 도중에 주어야 하는 것이지, 시업 전 또는 종업 후에 주는 것은 휴게라고 할 수 없다.

휴게시간이 4시간당 30분이므로 1시간당 7분 30초꼴이다. 그렇다고 6시간 근무하면 45분의 휴게시간을 주어야 하는 것은 아니고 8시간까지는 30분 이상의 휴게시간을 주면 된다. 휴게시간의 목적이 피로 회복, 식사 등을 할 수 있는 시간을 부여하는 것이므로 지나치게 세분하는 것보다 한꺼번에 주는 것이 바람직하다.

휴게시간은 근로시간에 포함되지 않는다. 일반적으로 근로자들이 오전 9시부터 18시까지로 분명히 9시간을 근무하는데 임금은 8시간만 계산되어 있다고 질문하기도 한다. 그것은 그사이에 휴게시간 1시간을 포함하고 있기 때문이다. 휴게시간이 근로시간이 아닌 이유는 휴게시간은 사용자의 지휘 감독에서 벗어나 자유롭게 이용 가능하기 때문이다. 따라서 휴게시간에 발생한 재해는 산업재해로 인정받기 힘들다.

2. 휴일

근로자들에게 휴일은 긴요하다. 심지어는 휴일에 쉬는 낙으로 직장을 다닌다고 말할 정도이다. 근로자들은 휴일에 자기계발을 하거나 동호회 활동 또는 가족끼리 시간을 보내는 등 마치 사막의 오아시스처럼 요긴하게 이용하고 있다.

요즘 세태는 돈보다 여가를 중시하고, 휴일이나 휴가 사용을 당연하게 생각하고 있다. 이렇게 휴일이 근로자들에게 중요한 의미가 있음에도, 비정규직 근로자들의 유급휴가 수혜율은 31.4%로 10명의 근로자 중에 겨우 3명 정도만 휴일 혜택을 누리고 있다.

노동법에서 인정하는 휴일은 두 가지이다. 하나는 근로기준법에서 인정하는 주휴일이고, 다른 하나는 근로자의 날(매년 5월 1일)이다.

사용자는 근로자에게 1주일에 평균 1회 이상의 유급휴일을 주어야 하는데 이것이 주휴일이다. 주휴일은 놀지만, 급여가 지급되기 때문에 근로자에게 중요하다. 주휴일은 1주간의 소정 근로일수를 개근한 자에게 부여되는 것이지 반드시 5일을 근무해야 하는 것은 아니다. 예를 들면 비정규직 근로자(A)가 1일 5시간씩 4일 근무하기로 계약했다면, 소정 근로일은 4일이 되고, 이 4일을 개근했다면 주휴일(5시간)은 발생하는 것이다.

한편, 근로자들이 명절이나 기념일 등에 쉬는데, 이것은 약정휴일이다. 추석이나 어린이날 등 달력에 있는 공휴일은 '관공서 휴일에 관한 규정'에 의한 공무원들만의 휴일이지, 일반 사업장 근로자의 휴일과는 무관하다. 하지만 많은 사업장에서 달력상의 공휴일에 쉬는데, 이것은 사업장 임의로(은혜적으로) 쉬는 것이다. 이를 약정휴일이라고 하며, 사업장에서 약정휴일을 정하지 않으면 공휴일에 쉬지 못한다. 그래서 우리나라 중소기업에서는 공휴일에 쉬지 못하는 근로자들도 많고, 쉬더라도 자신의 연차휴가로 대체하는 경우가 많다.

※ 휴일, 휴가, 휴직의 차이

휴일은 사업장 모두에게 근로의무가 면제되는 날로, 처음부터 근로를 제공할 의무가 없는 날이므로 소정 근로일에서 제외되는 날이다. 반면, 휴가는 개별적으로 근로의무가 면제되는 날로, 근로제공 의무는 있지만, 근로자의 청구 또는 특별한 사유로 근로제공 의무가 면제되는 날이다.

휴직은 휴가처럼 근로제공 의무가 있지만, 질병, 부상, 징집, 육아 등 취업규칙에서 정한 사유가 발생하여 장기간 근로제공 의무가 면제되는 것이다. 휴직기간 동안은 '무노동 무임금' 원리에 따라 무급이 원칙이다. 이들 간의 차이점은 〈그림 10-5〉와 같다.

구분		개념	급여	예시
휴일	법정휴일	· 모든 근로자가 근로의무 면제 · 법률에 근거하여 휴일	유급	주휴일, 근로자의 날(5월 1일)
	약정휴일	· 모든 근로자가 근로의무 면제 · 단체협약, 취업규칙, 근로계약 등에서 휴일로 정함.	유급 또는 무급 가능 (노사간 합의에 따름)	설날, 추석 등 공휴일, 창립기념일 등
휴가		· 근로자 개별 사유로 단기간 근로의무 면제 · 근로제공 의무가 있음에도 근로자 개인의 청구 또는 특별한 사정으로 인해 단기간 근로면제를 받음. 따라서 휴가일에 근로한 직원에 대해서는 휴일 근무수당이 지급되지 아니함(연차휴가 예외).	유급 * 예외(무급) : 생리휴가	연차휴가, 청원휴가, 직원특별휴가, 포상휴가, 생리휴가, 공가 등
휴직		· 개별적 사유로 장기간 근로의무 면제 · 근로제공 의무가 있지만, 질병 등 취업규칙에서 정한 사유가 발생하여 장기간 근로면제를 받음. 원칙적으로 무노동 무임금 원칙이 적용됨.	무급	질병휴직, 육아휴직

<그림 10-5> 휴일, 휴가, 휴직의 차이점

3. 휴가

휴가는 본래 근로의무가 있는 근로일인데, 법률이나 사용자의 승낙에 의하여 쉬는 날이다. 이때 법률에 의한 쉬는 날은 법정휴가이며, 여기에는 연차유급휴가, 산전산후휴가, 생리휴가 등이 있다. 그리고 사용자의 승낙에 의하여 쉬는 날은 약정휴가이며, 여기에는 하계특별휴가, 청원휴가 등이 있다.

휴가일은 본래 근로의무가 있는 날이므로 휴가를 취소하여 근로하더라도 가산임금이 지급되지 않는다. 예를 들면, '학교 졸업식'은 청원휴가 대상이라 쉬는 날이지만, 근로자가 바빠 졸업식에 참석하지 못하고 근무를 하더라도 가산수당이 지급되지 않는다.

연차유급휴가

사용자는 1년간 80% 이상 출근한 근로자에게 15일의 유급휴가를 주어야 하며, 계속하여 근로한 기간이 1년 미만인 근로자 또는 1년간 80% 미만 출근한 근로자에게 1개월 개근 시 1일의 유급휴가를 주어야 한다. 즉 연차유급휴가는 근속 1년이 지나야 발생하게 되는 게 원칙이지만, 기존의 월차휴가제도를 연차휴가제도가 흡수하여 근속 1년 미만의 신입 근로자의 경우 1개월 개근 시 1일의 유급휴가를 인정하고 있다. 이 경우에 신입 근로자의 1년 후 연차유급휴가일 수는 15일에서 이미 사용한 휴가일 수를 뺀 것이 된다.

사용자는 3년 이상 계속하여 근로한 근로자에게는 <그림 10-6>에서처럼, 최초 1년을 초과하는 계속 근로 연수 매 2년에 대하여 1일을 가산한 유급휴가를 주어야 한다. 이 경우 가산휴가를 포함한 휴가 일수는 25일을 한도로 한다.

근속년수	1년	2년	3년	5년	10년	15년	20년	25년
연차개수	15	15	16	17	19	22	24	25

<그림 10-6> 연차유급휴가 일수

단시간근로자에게도 연차유급휴가를 주어야 한다. 이 경우 유급휴가 계산은 시간 단위로 하며, 1시간 미만은 1시간으로 본다. 하지만 연차휴가 미사용수당을 계산할 때는 소수점 이하까지 계산하여 지급하여야 한다.

※ 단시간근로자의 연차휴가 일수 계산방법

$$\text{단시간 근로자 연차휴가일수} = \text{통상근로자 연차휴가일수} \times \frac{\text{단시간근로자의 소정근로시간}}{\text{통상근로자의 소정근로시간}} \times 8\text{시간}$$

사용자는 비정규직 근로자가 청구한 시기에 연차유급휴가를 주어야 하고, 그 기간에 대하여는 취업규칙 등에서 정하는 통상임금 또는 평균 임금을 지급하여야 한다. 다만, 근로자가 청구한 시기에 휴가를 주는 것이 사업 운영에 막대한 지장이 있는 경우에는 그 시기를 변경할 수 있다.

사용자는 근로자대표와의 서면 합의에 따라 연차유급휴가일을 갈음하여 특정한 근로일에 근로자를 휴무시킬 수 있다. 따라서 중소기업에서는 근로자들에게 구정이나 추석 등의 '관공서 휴일'을 연차휴가로 대체하여 사용하기도 한다. 그러나 취업규칙 등에서 이미 명절이나 하계휴가 등이 유급휴일로 되어 있을 때는 연차유급휴가로 대체할 수 없다.

연차유급휴가는 1년간 행사하지 아니하면 소멸된다. 다만, 사용자의 귀책사유로 사용하지 못한 경우에는 그러하지 아니하다. 그리고 연차유급휴일에 근로하게 되면 연차유급휴일 근로수당이 발생하게 된다. 연차유급휴가일 근로는 휴일근로가 아니므로 통상임금 100%만 지급하면 된다. 연차유급휴가일 근로수당은 3년의 소멸시효가 적용된다.

※ 휴일과 휴가일에 지급되는 수당 비교

구분	휴일/휴가 사용(휴식)	휴일/휴가 미사용(근무)
주휴일	통상임금 100%	통상임금 150%
연차휴가일	통상임금 100%	통상임금 100%

사용자가 다음의 조치를 취했음에도 근로자가 휴가를 사용하지 아니하면 사용자는 그 사용하지 아니한 휴가에 대하여 보상할 의무가 소멸

한다.

① 휴가청구권의 소멸시효 기간이 끝나기 6개월 전을 기준으로 10일
이내에 사용자가 근로자별로 사용하지 아니한 휴가 일수를 알려주
고, 근로자가 그 사용 시기를 정하여 사용자에게 통보하도록 서면
으로 촉구할 것
② 사용자의 촉구에도 불구하고 근로자가 촉구를 받은 때부터 10일
이내에 사용하지 아니한 휴가의 전부 또는 일부의 사용 시기를 정
하여 사용자에게 통보하지 아니하면 휴가청구권의 소멸시효기간이
끝나기 2개월 전까지 사용자가 사용하지 아니한 휴가의 사용 시기
를 정하여 근로자에게 서면으로 통보할 것

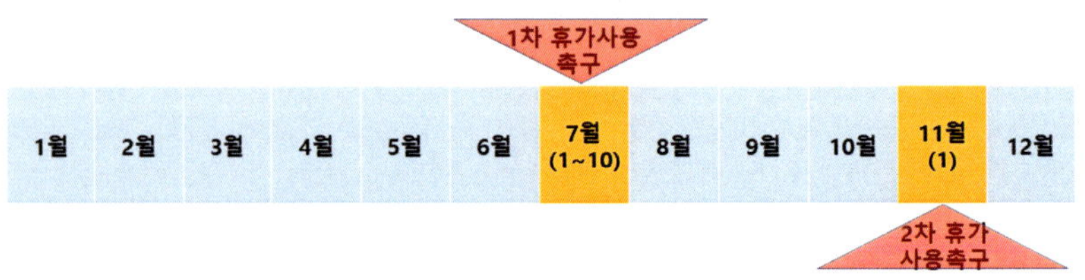

<그림 10-4> 연차유급휴가 사용촉구

생리휴가

사용자는 비정규직 여성 근로자가 청구하면 월 1일의 생리휴가를 주
어야 한다. 생리휴가는 생리로 인하여 근무가 곤란한 여성을 보호하기
위해 주어지는 것이므로 생리가 없는 여성에게는 주지 않아도 무방하
다. 이러한 생리휴가는 여성근로자가 청구하는 날에 부여하여야 하며,
사용자의 시기 변경권은 인정되지 않는다.

생리휴가는 원칙적으로 무급이므로 단체협약이나 취업규칙 등에서 유급으로 정하지 않는 이상, 사용자는 임금을 지급하지 않아도 된다. 여성근로자의 청구에도 불구하고 생리휴가를 주지 않은 때에는 500만 원 이하의 벌금에 처하게 된다.

산전후 휴가

사용자는 임신 중의 여성에게 출산 전과 출산 후를 통하여 90일(한 번에 둘 이상 자녀를 임신한 경우에는 120일)의 출산 전후 휴가를 주어야 한다. 이 경우 휴가 기간의 배정은 출산 후에 45일(한 번에 둘 이상 자녀를 임신한 경우에는 60일) 이상이 되어야 한다. 출산 전에 휴가를 너무 많이 사용하여, 출산 후의 휴가가 45일이 안 되더라도 45일 이상을 부여해야 하고 총 90일(다중 출산 120일)을 초과하는 날은 무급으로 할 수 있다.

사용자는 임신 중인 여성이 유산 또는 사산한 경우로서 그 근로자가 청구하면 유산·사산 휴가를 주어야 한다. 다만, 인공 임신중절 수술('모자보건법' 제14조 제1항에 따른 경우는 제외한다)에 따른 유산의 경우는 그러하지 아니하다.

산전후 휴가는 최초 60일(한 번에 둘 이상 자녀를 임신한 경우에는 75일)은 유급으로 한다. 다만, 사업주는 '남녀고용평등과 일·가정 양립 지원에 관한 법률' 제18조에 따라 출산 전후 휴가급여 등이 국가로부터 지급된 경우에는 그 금액의 한도에서 지급의 책임을 면한다.

사업주는 출산 전후 휴가 종료 후에는 휴가 전과 동일한 업무 또는 동

등한 수준의 임금을 지급하는 직무에 복귀시켜야 한다.

사용자는 임신 후 12주 이내 또는 36주 이후에 있는 여성 근로자가 1일 2시간의 근로시간 단축을 신청하는 경우 이를 허용하여야 한다. 다만, 1일 근로시간이 8시간 미만인 근로자에 대하여는 1일 근로시간이 6시간이 되도록 근로시간 단축을 허용할 수 있다. 근로시간 단축을 이유로 해당 근로자의 임금을 삭감하여서는 아니 된다.

IV. 유연근로시간제도는 일과 삶의 균형을 잡아준다

서비스업 확대 등 산업구조의 변화와 기술혁신으로 근로자들의 직종과 근로 형태가 다양화됨에 따라 유연근로시간제도에 대한 요구는 꾸준히 증가하고 있다. 유연근로시간제도는 사업장 입장에서는 업무량이 다소에 따라 근로시간을 효율적으로 배분할 수 있고, 근로자의 입장에서는 개인의 일정에 따라 근로시간의 조정이 가능하기 때문에 일과 삶의 조화(Work-life balance)를 꾀할 수 있는 장점이 있다.

현행 근로기준법상 활용 가능한 유연근로제는 탄력적 근로시간제, 선택적 근로시간제, 사업장 밖 근로시간제, 재량근로시간제 등으로 4가지 종류이다.

비정규직 근로자는 여성이 남성보다 조금 많다. 또한, 연령별로는 30세 미만 근로자들이 20.5%를 점하고 있다. 이러한 비정규직 근로자의 특성은 일과 가정의 균형이 중요하고, 일과 자기계발 기회를 확대하고자 하는 기대가 높다. 이는 유연근로시간제도의 활용 니즈와 잘 맞아 떨어진다.

1. 탄력적 근로시간제

업무가 바쁠 때는 근로시간을 늘리고 한가할 때는 줄이는 등 업무 상황에 따라 탄력적으로 운영할 수 있는 제도로, 취업규칙(2주 단위)이나 근로자 대표와의 서면 합의(3개월 이내 단위)로 실시 가능하다. 탄력적 근로시간제하에서는 특정일에 8시간, 특정 주에 40시간을 초과하더라도 연장근로가 되지 않는다.

2. 선택적 근로시간제

근로자가 시업 및 종업시각을 자신의 편의에 따라 선택하여 근로하고 의무시간대만 일률적으로 근로하면 되는 제도다. 1개월 이내 주 평균 40시간 범위 내에서는 일·주 단위 기준 근로시간을 초과하더라도 연장근로가 되지 않는다. 취업규칙으로 정한 근로자에 대하여 근로자대표와 서면 합의로써 시행 가능하다.

3. 사업장 밖 근로시간제

사업장 밖에서 근로(일명 외근)하여 실제 근로시간을 계산하기 어려운 경우, 소정 근로시간을 근로시간으로 간주하여 인정하는 제도다. 이 제도는 근로시간 계산 부분에 한하여 적용되기 때문에 연장근로, 야간근로, 휴일근로 및 휴가 등은 발생하는 경우 그대로 적용된다.

4. 재량 근로시간제

전문직 업무 등 업무의 성질에 비추어 업무수행방법을 근로자의 재량으로 운영하며, 임금이 근로의 양이 아니라 질(성과)에 의해 결정되는 제도다. 따라서 시간 외 근무를 하더라도 근로시간과는 무관하게 임금이 지급된다. 노사가 서면으로 합의한 시간을 근로한 것으로 본다. 재량 근로시간제 대상 업무는 다음과 같다.

① 신상품 또는 신기술의 연구개발이나 인문사회과학 또는 자연과학 분야의 연구업무
② 정보처리시스템의 설계 또는 분석 업무
③ 신문, 방송 또는 출판 사업에서의 기사의 취재, 편성 또는 편집 업무
④ 의복·실내장식·공업제품·광고 등의 디자인 또는 고안 업무
⑤ 방송 프로그램·영화 등의 제작 사업에서의 프로듀서나 감독 업무
⑥ 그 밖에 고용노동부 장관이 정하는 업무

V. 법률적 리스크

연차유급휴가수당의 미지급과 같이 근로기준법 의무를 위반한 것도 파견법상 차별적 처우의 금지 범위에 포함된다.

(서울고법 2017-5-17 선고 2016누79078 판결)

사용자들 간의 용역계약은 근로자파견계약이고, 근로자들에게 비교대상 근로자와 달리 합리적인 이유 없이 휴일근무 가산수당 등을 미지급한 것은 차별적 처우이다.

(중노위 2016-1-7 공포 2015차별26·27병합)

파견근로자의 상여금과 연차휴가를 고의로 반복 차별한 것에 대해, 사용사업주와 파견사업주가 연대하여 손해액의 2배를 지급해야 한다.

(중노위 2015-6-30 공포 2015차별3~11병합)

고용보험법상 피보험단위기간을 산정함에 있어 임금지급의 기초가 되지 아니한 무급휴일을 제외함이 상당하다.

(서울행법 2011-03-17 선고 2010구합40427 판결)

기간제 근로자의 근로계약기간이 2년 미만인 경우에도 사용자가 연차휴가 시기 지정 및 휴가사용을 촉구해 휴가 지정일에 근로자가 연차휴가를 소진할 수 있는 경우, 연차 유급휴가 사용촉진 조치가 이루어진 것으로 볼 수 있다.

(근로개선정책과-4885, 2014-09-02)

　　공무원이 아닌 계약직 근로자 신분인 시의 예술단원에게는 근로기준법이 적용되며 '근로자의 날'은 유급휴일로 부여해야 한다.

(근로개선정책과-6191, 2013-10-18)

　　파견근로자로 2년 이상을 사용하여 직접 고용하고자 하였으나, 당해 파견근로자가 명시적인 반대 의사를 표시하여 파견형태로 1년을 연장하여 계속 사용한 경우, 직접고용의무는 면제되나 당해 파견근로자를 계속하여 사용하는 것은 파견법 제6조(파견 기간)의 규정에 위배되는 것으로 사료된다.

(비정규직대책팀-2828, 2007-07-12)

　　통상근로자의 근로시간을 비례 적용함에 따른 단시간 근로자와 통상근로자의 근로조건 차별은 근로시간 장·단에 의해 발생하는 것으로 이를 불합리하다고 보기 어렵다.

(근로개선정책과-1404, 2014-03-07)

　　4주간을 평균하여 1주간 소정근로시간이 동종업무에 종사하는 통상근로자와 비교하여 짧다면 단시간근로자에 해당한다.

(근기 68207-284, 2003-03-12)

　　귀 사업장의 경우 매 50분 강의마다 10분씩 단속적으로 휴식시간을

부여하는 형태로 보이는바, 이러한 휴식시간이 근무시간과 명백히 구분
될 뿐만 아니라 근로자가 사전에 휴식시간임을 알고 있고, 그 시간 중
에는 사용자의 지휘·감독 하에서 벗어나 자유로이 이용할 수 있다면 근
로기준법 제53조의 휴게시간으로 볼 수 있을 것으로 사료된다. 그러나
동 휴게시간이 다음 강의를 위한 준비시간으로 정해져 있고, 이를 소홀
히 할 경우 제재가 가해지는 등 사용자의 지휘·감독하에서 벗어난 시간
으로 볼 수 없다면 이는 근로시간으로 보아야 할 것으로 사료된다.

(근기 68207-2676, 2002-8-9)

육아휴직 대체로 채용된 기간제 근로자의 비교 대상 정규직 근로자는
그 전임자인 육아휴직 근로자이다.[38]

육아휴직으로 대체 근무하게 된 기간제 근로자의 비교 대상 근로자로 전임자로 인정하고, 전임자와 본질적인 업무가 같다면 전임자가 받았던 사서수당, 정액급식비, 직급보조비, 명절휴가비, 성과상여금을 지급받지 못한 것은 차별적 처우라고 판결했다.

이 사건에 관히여 보건대, 위 인정 사실에 의히여 알 수 있는 다음과 같은 사정, 즉 ① 원고는 전임자가 담당하던 연속간행물담당 직책을 군무원이 담당하게 하던 것에서 기간제 근로자가 담당하게 하는 것으로 직제를 개편한 것이 아니라, 전임자의 육아휴직으로 인하여 임시적으로 그 업무를 대체하여 수행할 참가인을 기간제 근로자로 채용하였던 점, ② 전임자는 육아휴직자로서 참가인의 근무 기간 동안 원고와의 근로 관계가 여전히 존속하고 있었고 육아휴직 종료 후 본인이 담당하던 연속간행물담당으로 복귀할 것이 예정되어 있었던 점, ③ 참가인으로 하여금 전임자와 동종 또는 유사한 업무에 종사하게 하면서도 임금 등 근로조건에서 합리적인 이유가 없는 차등을 두는 것은 같은 것을 다르게 취급하는 것으로서 평등원칙에 반한다고 볼 여지가 많은 점 등을 종합하여 보면, 전임자가 참가인의 근로기간 동안 육아휴직으로 인하여 ○○사관학교에서 실제로 함께 근무하지 아니하였다고 하더라도 참가인과 전임자의 업무가 동종 또는 유사한 업무에 해당하는 경우 전임자는 기간제법 제8조 제1항이 정하는 비교 대상 근로자에 해당한다고 할 것인바, 이와 다른 전제에 선 원고의 이 부분 주장은 이유 없다.

비교 대상 근로자로 선정된 근로자의 업무가 기간제 근로자의 업무와 동종 또는 유사한 업무에 해당하는지는 취업규칙이나 근로계약 등에 명시된 업무 내용이 아니라 근로자가 실제 수행하여 온 업무를 기준으로 판단하되, 이들이 수행하는 업무가 서로 완전히 일치하지 않고 업무의 범위 또는 책임과 권한 등에서 다소 차이가 있다고 하더라도 주된 업무의 내용에 본질적인 차이가 없다면, 특별한 사정이 없는 이상 이들은 동종 또는 유사한 업무에 종사한다고 보아야 한다.

---

38 서울행법 2016-7-15 선고 2016구합51450 판결

제11장

퇴 직 관 리

따뜻한 인사노무관리를 위한 퇴직관리는 <그림 11-1>에서 보는 바와 같이 상시적인 퇴직관리가 이루어지도록 하는 것이다. 즉, 사업장과 맞지 않는 인력에게 새로운 문을 열어주고, 그럼으로써 장래의 사업장 차원의 대규모 구조조정의 가능성을 예방해야 한다. 상시적 퇴직관리를 위해서는 저성과자들에 대해 지속적인 관리가 필요하다. 그리고 퇴직금 등 금품 청산은 14일 이내에 이루어져야 한다. 이러한 과정에서 규정된 절차를 지켜 법적 분쟁 등이 발생하지 않도록 해야 한다.

I. 조직 건전성 유지를 위하여
상시적 퇴직관리가 이루어져야 한다

오늘날 저성장의 글로벌 경쟁 시대에 사업장은 경쟁력을 만회하기 위해서 군살을 제거하는 슬림화 노력을 강화하고 있다. 최근에 발표된 기업들의 인력 구조조정 계획들도 이와 무관하지 않다. 이제 사업장이 구성원들에게 평생 고용을 보장해주던 시대는 지나갔다.

'○○○ 석유공사, 2020년까지 인력 30% 감축'
'○○○ 조선해양, 오는 2019년까지 2,300여 명 감축'
'○○○ 중공업, 2018년까지 5,000명 수준의 인원 감축'

비정규직 근로자는 정규직 근로자보다 근로 여건이 더욱 험난해지고 있다. 통상적으로 인력구조조정이 일어나게 되면 '직무조정 → 기간제 근로자 → 무기계약직 근로자 → 정규직' 순으로 진행되기 때문이다.

그렇다고 사업주가 비정규직 근로자를 수시로 해고할 수 있다는 말이 아니다. 단지 정리해고를 할 때, 비정규직 근로자들이 우선순위가 될 수 있다는 의미이다. 일반적으로 사업주는 비정규직 근로자를 해고시키거나 보직 조정 등의 조치를 할 때 회사 규정이나 근로기준법을 준수해야 한다.

퇴직관리란 일정 인원을 지속적으로 방출하면서, 사업장에 남은 직원에게 미치는 영향을 최소화하는 활동이다. 인력 구조조정 등 방출조치는 그 대상자에게 심각한 영향을 줄 뿐만 아니라 남은 동료직원들에게도 고용불안이나 사기저하를 초래한다. 따라서 이러한 대규모 구조조정을 피하기 위해서는 사업장에서 퇴직관리가 상시적으로 이루어져야 한다. 이는 마치 샘물이 썩지 않고 신선함을 유지할 수 있는 이유는 늘 조금씩 물을 흘려 보내기 때문이라는 이치와 같다.

따뜻한 인사노무관리를 위한 퇴직관리는 <그림 11-1>에서 보는 바와 같이 상시적인 퇴직관리가 이루어지도록 하는 것이다. 즉, 사업장과 맞지 않는 인력에게 새로운 문을 열어주고, 그럼으로써 장래 사업장 차원의 대규모 구조조정의 가능성을 예방해야 한다. 상시적 퇴직관리를 위해서는 저성과자들에 대해 지속적인 관리가 필요하다. 그리고 퇴직금 등 금품 청산은 14일 이내에 이루어져야 한다. 이러한 과정에서 규정된 절차를 지켜 법적 분쟁 등이 발생하지 않도록 해야 한다.

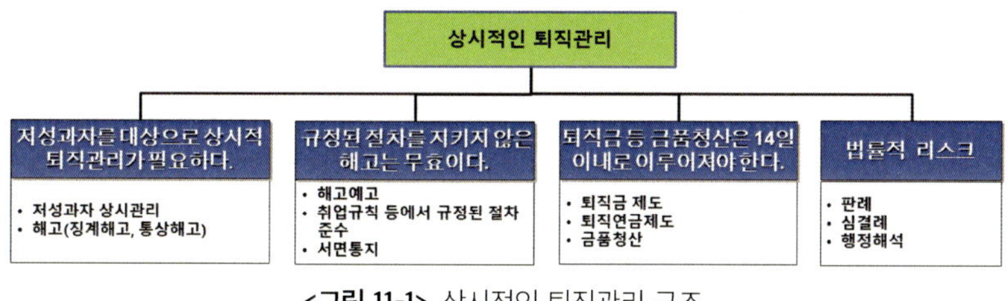

<그림 11-1> 상시적인 퇴직관리 구조

사업장은 비정규직 근로자를 시간이 지나면 용도 폐기해야 하는 소모품이 아니라 회사의 전략목표 달성을 위한 귀중한 자원으로 대우해야 한다. 비정규직 근로자들도 목표달성과 역량향상을 위해서 정규직 근로

자처럼 긴장하고 노력해야 한다. 사업장의 이러한 인식과 비정규직 근로자의 이러한 노력에도 불구하고, 사업장의 기대수준을 충족시키지 못하는 비정규직 근로자는 새로운 기회를 찾도록 해야 한다. 장기적으로 볼 때, 이것은 비정규직 근로자에게도 유익한 것이다. 물론 정규직 근로자라도 마찬가지이다.

II. 저성과자를 대상으로
상시적 퇴직관리가 필요하다

1. 저성과자 상시관리

사실 퇴직관리는 사업장 운영 면에서 아주 자연스러운 현상이다. 사업장도 하나의 시스템인 이상 'Input-Process-Output'의 절차를 밟을 수밖에 없다. 채용관리가 있으면 퇴직관리가 당연히 이루어져야 시스템은 생명력을 유지할 수 있다. 이러한 사업장의 신진대사를 유지하는 방법이 상시적으로 저성과자를 관리하는 것이다.

대부분 사업장은 저마다 저성과자 관리기준을 가지고 있다. 온정적인 분위기로 인해 이를 지속적으로 실천하고 있는 기업은 드물다. 이는 사업장의 성과를 하락하게 하고, 구성원간 불신과 갈등의 문화를 조장한다. 그 결과 사업장 차원의 인력구조 조정은 불가피해진다. '호미로 막으면 될 걸 가래로도 못 막게 되는' 현상이 발생한다.

일반적으로 저성과자란 성과평가와 역량평가가 낮은 구성원이다. 지식이나 스킬이 낮고, 열정이나 노력이 부족하여 업무실적이 낮게 나오는 직원이다. 한 통계에 따르면 대기업에서는 10% 미만의 근로자를 저성과자로 본 반면, 중소기업에서는 5% 미만 근로자들을 저성과자로 보고 있다. GE의 전 회장인 잭 웰치는 핵심 인재 A급은 상위 20%, B급 인재는 가운데 70%, C급 인재는 하위 10%로 정의했다. 따라서 사업장에서 저성과자의 비중은 하위 5~10% 수준으로 보면 적당할 것 같다.

그러면 비정규직 근로자에게도 퇴직관리가 필요한 것인가? 기간제 근로자들은 2년 이내에 신분전환이 되지 못하면 자연스럽게 퇴직하기 때문에 별도의 관리가 필요 없지 않을까? 그렇지 않다. 비정규직 근로자에게도 저성과자 관리가 필요하다. 장기적으로 비정규직 근로자의 신분전환에 대응하고, 단기적으로 조직성과와 조직문화를 관리해야 하기 때문이다. 저성과자 관리제도의 보유 자체만으로 비정규직 근로자의 사업장과 자신의 업무에 대한 마음가짐이 달라진다.

이러한 저성과 비정규직 근로자에 대해서 상시적 관리 방법은 〈그림 11-2〉처럼 단계적으로 대응하는 것이다. 먼저 인사면담을 통하여 저성과 원인 파악과 지원 필요사항을 점검하는 것이다. 그리고 저성과자에게 역량향상의 기회를 제공하여 2~3회 기회를 부여했음에도 개선의 여지가 없는 경우에는 자발적 퇴직을 유도하는 것이다.

인사면담 실시	코칭 등 역량 개선 기회제공	자발적 퇴직유도
· 부서장이 면담 진행 · 저성과 원인파악 및 지원사항 점검	· 개선 코칭 제공 · 교육훈련, 도전과제 기회 제공 등	· 역량 발휘 가능한 조직에 근무 필요 · 실업급여 등 혜택 최대한 부여

<그림 11-2> 저성과 비정규직 근로자 관리방법

2. 해고(징계해고, 통상해고)

해고란 명칭이나 절차에 관계없이 근로자의 의사와는 무관하게 사용자가 일방적으로 근로 관계를 종료시키는 행위이다. 이러한 해고에는 근로자의 잘못으로 인한 징계해고와 사고나 질병 등으로 업무수행 불가능에 따른 통상해고로 구분된다. 이때 징계 수준의 높낮이를 따지면 징계해고이고 그렇지 않으면 통상해고이다.

징계해고

근로계약을 체결한 근로자는 직장 내 질서유지를 위한 복무규율을 준수할 의무가 있다. 하지만 근로자는 이러한 준수의무에도 무단결근·조퇴·지각, 약정된 근로제공의 거부, 하자 있는 근로 제공, 회사 규정의 위반 등의 행위를 하게 된다. 이러한 행위에 대해서 사업장에서 일벌백계하지 않으면 복무질서가 무너지게 된다. 이를 방지하기 위하여 사업장에서는 근로계약 위반 혹은 공동의 질서위반 책임 등을 이유로 근로자에게 징계해고를 하게 된다.

징계해고는 죄형법정주의 원칙에 따라 취업규칙 등에 규정되어 있지 않으면 적용할 수 없다. 이러한 이유로 기업에서는 취업규칙 등에 징계사유를 많이 규정하고 있다. 징계해고에서 이슈가 되는 것은 '업무능력 부족으로 인한 해고의 정당성', '취업규칙의 징계처분의 수단이 없는 경우 징계해고의 효력'이다.

- 업무능력 부족으로 인한 해고의 정당성

근로자의 근무성적이 현저히 낮은 경우 등 징계해고가 가능한가에 대한 문제는 취업규칙 등에 징계해고 사유로 되어 있으면 원칙적으로 징계해고가 가능하나, 이에 대한 규정이 없으면 징계해고가 불가능하다.

취업규칙 등에 규정되어 있다고 하더라고, 업무능력 부족의 이유만으로는 징계해고가 불가능하다. 이 경우, 징계해고가 가능하려면, '객관적이고 공정한 평가'와 '교육훈련이나 배치전환 등 개선의 기회 부여' 등의 조건이 선행되어야 한다.

- 취업규칙에 징계해고가 수단으로 명시되어 있지 아니한 경우의 징계해고 효력

일반적으로 징계해고는 노동법적으로 민감한 사안이기 때문에 그 사유에 대해서 취업규칙이나 단체협약 등에 규정하고 있다. 그러나 취업규칙에서 징계해고가 명시되어 있지 않은 경우에도 근로자를 징계해고 할 수 있는가?

징계는 조직 내에서 책임을 묻는 것이기 때문에 '죄형법정주의'의 일반적인 원칙에 따라야 한다. 따라서 징계해고가 효력을 가지려면, '죄형법정주의' 논리에 따라 징계처분의 수단으로 취업규칙 등에 규정되어 있어야 한다. 만약 취업규칙에 명시되지 않은 수단으로 징계해고를 구형하는 것은 무효가 된다.

<u>통상해고</u>

통상해고란 근로자가 개인의 정신적·육체적 및 기타의 사유로 근로계약 상의 근로제공의무를 이행하지 못하는 사유로 인한 해고이다. 이러한 통상해고는 사업장에서는 직권면직 또는 당연퇴직 등으로 운영하고 있다.

  징계해고가 근로자의 귀책사유에 대한 책임을 묻는 징계라면, 통상해고는 근로자의 일신상 사유로 근로 관계를 유지하기 곤란할 때 행해지는 계약 해지 행위이다. 일반적으로 근로자가 질병, 부상, 장해로 정상적 근로제공이 불가능한 경우를 포함하여 직업상 요구되는 자격증이 없는 경우, 근로계약상의 근로를 더 이상 제공할 수 없는 신체적·정신적 상태에 이른 경우(ex 운전기사의 실명) 등이 통상해고 사유에 해당한다. 다만, 회사는 근로기준법에 따라 근로자가 업무상 부상 또는 질병의 요양을 위하여 휴업한 기간과 그 후 30일 동안 해고하지 못한다.

Ⅲ. 규정된 절차를 지키지 않은 해고는 무효이다

1. 해고예고제도

사용자는 비정규직 근로자를 해고(경영상 이유에 의한 해고를 포함)하려면 적어도 30일 전에 예고를 해야 하고, 30일 전에 예고를 하지 않았을 경우에는 30일분 이상의 통상임금으로 해고예고수당을 지급해야 한다. 이는 비정규직 근로자에게 예상치 못한 직장 상실로부터 생계를 보호하고 재취업에 필요한 시간적 여유를 부여하기 위한 것이다.

사업주는 근로자의 해고를 향후 30일 후에 하든지 아니면 30일분 통상임금을 지급하면서 바로 해고할 수 있다. 그러나 해고예고수당을 지급했다고 해서 부당한 해고가 정당해지는 것은 아니다. 그리고 해고예고수당은 일할 계산 대상이 아니며 30일분 전액을 지급해야 한다.

해고예고는 모든 근로자에게 적용된다. 5인 미만 사업장에도 예외는 아니다. 다만 다음의 어느 하나에 해당하는 근로자에게는 해고예고가 적용하지 않는다.

① 일용근로자로서 3개월을 계속 근무하지 않은 자
② 2개월 이내의 기간을 정하여 사용된 자
③ 계절적 업무에 6개월 이내의 기간을 정하여 사용된 자
④ 수습 사용 중인 근로자

근로 관계 종료사유가 해고가 아닌 경우, 즉 권고사직, 근로계약 기간 만료 등에는 해고예고가 적용되지 않는다. 또한, 근로기준법에서는 다음의 사유에 해당하는 경우에는 해고예고 수당 지급 없이 바로 해고 가능한 것으로 하고 있다.

① 천재 사변, 그 밖의 부득이한 사유로 사업을 계속하는 것이 불가능한 경우
② 근로자가 고의로 사업에 막대한 지장을 초래하거나 재산상 손해를 끼친 경우

2. 취업규칙 등에서 규정한 절차준수

취업규칙이나 단체협약에는 징계나 해고 절차를 규정하고 있다. 이러한 절차를 거치지 않고 이루어진 해고나 징계는 그 어떤 사유이든 간에 절차상 하자를 이유로 무효이다. 따라서 취업규칙이나 단체협약에서 해고 등 징계절차를 규정하고 있다면 반드시 이를 준수해야 한다.

하지만 일부 기업에서는 취업규칙 등에 징계나 해고 절차가 규정되어 있지 않은 경우도 있다. 이러한 경우에는 해고 절차를 거치지 않고 징계나 해고를 하더라도 그 처분은 유효하다.

취업규칙 등에 징계나 해고 절차가 규정되어 있는 경우

- 징계의 일반적 절차

사업장에서 해고 등 징계절차는 일반적으로 다음과 같은 순서로 진행

된다.

① 징계대상자에게 출석을 통보 ② 징계심의 ③ 대상자에게 소명 기회 부여 ④ 징계확정 및 통보 ⑤ 대상자의 재심 요청에 따른 재심의 개최 ⑥ 징계 확정 및 그 결과를 징계 대상자에게 통보함으로써 징계절차가 종료된다.

취업규칙 등에 징계대상자에게 소명 기회를 부여하고 있거나 재심절차를 거치도록 하는 규정이 있으면, 이를 반드시 거쳐야 한다. 그리고 초심 과정에 하자가 있더라도 재심 과정에서 보완되었다면 그 하자는 치유되는 것이다.

징계나 해고 절차가 규정되어 있지 않는 경우

취업규칙 등에 징계나 해고 절차로 규정되어 있지 않은 경우, 소명 기회 부여나 재심 절차 등 일반적인 징계나 해고 절차를 거치지 않고 징계나 해고를 하더라도 그 처분은 유효하다.

일용직 근로자에 대한 사규에는 정규 직원에 대한 사규와는 달리 징계절차에 대하여 아무런 규정도 두고 있지 않다면 정규 직원과는 달리 일용직 근로자들에게 변명의 기회를 부여하는 등의 절차를 밟지 않았다고 하더라도 그 징계해고는 위법하지 않다.[39]

---

[39] 대법원 1996. 12. 6. 선고 95다45934 판결

3. 서면통지

  사용자는 근로자를 해고하려면 해고사유와 해고 시기를 서면으로 명기하여 통지해야 한다. 구두나 이메일 등의 방법으로 해고를 통지하는 경우, 사업주의 해고 남발 우려나 해고 존부 등의 불명확으로 인한 분쟁을 방지하고자 하는 취지다.

  요즘은 인터넷이나 휴대폰이 중요한 통신 수단이기 때문에 인사노무관리가 취약한 중소기업에서는 근로자를 해고할 때 문자 메시지나 이메일로 통보하는 사례가 종종 발생한다. 이 경우 해고사유가 정당할지라도 '해고의 서면통보' 절차위반으로 부당 해고로 인정될 수밖에 없다.

  사용자가 해고를 서면통보 하면서 해고하고자 하는 날로부터 30일 이전에 해고사유와 해고 시기를 명확하게 표기하여 통지한 경우에는 이 자체가 해고 예고의 효과도 가지므로 별도의 해고 예고는 필요하지 않다.

IV. 퇴직금 등 금품 청산은
14일 이내에 이루어져야 한다

우리나라 퇴직급여제도는 퇴직금과 퇴직연금제도로 구성되어 있다. 퇴직급여는 기업에서 1년 이상 근무하고 퇴직하는 근로자에게 생계보장과 노후생활을 보장하기 위한 제도이다. 사용자는 퇴직하는 근로자에게 급여를 지급하기 위하여 퇴직급여제도 중 하나 이상의 제도를 설정하여야 한다.

사용자는 반드시 퇴직연금 제도를 설정하여야 하는 것은 아니다. 다만, 2012.7.26. 이후 새로 성립(합병·분할된 경우는 제외한다)된 사업의 사용자는 근로자대표의 의견을 들어 사업의 성립 후 1년 이내에 확정급여형이나 확정기여형의 퇴직연금제도를 설정하여야 한다.

1. 퇴직금 제도

퇴직금제도를 설정하려는 사용자는 계속근로기간 1년에 대하여 30일분 이상의 평균임금을 퇴직금으로 퇴직 근로자에게 지급할 수 있는 제도를 설정해야 한다.

지급요건

사용자는 1년 이상 계속 근로한 근로자가 퇴직하는 경우 퇴직금을 지급해야 한다. 계속근로란 근로계약을 체결하여 해지될 때까지의 근로계약 존속기간(즉, 재직 기간)을 말하며, 실 근로 연수 및 개근 출근율과 관계 없다. 다만, 개인적인 사유(유학 등)에 의한 휴직 기간은 단체협약, 취업규칙 등으로 퇴직금 산정을 위한 계속근로기간에서 제외할 수 있다.

퇴직금 산정

사용자는 계속근로기간 1년에 대하여 30일분 이상의 평균임금을 퇴직금으로 퇴직 근로자에게 지급해야 한다. 퇴직금 산정 관련 규정은 강행규정이므로 당사자의 합의나 노사협의회에서의 합의 또는 단체협약의 규정이 있더라도 그 기준 이하의 퇴직금계산은 효력이 없다.

$$\text{퇴직금} = \text{평균임금} \times 30 \times (\text{근무년수} + \text{잔여월수}/12 + \text{잔여일수}/365)$$

예를 들면, 2011년 4월 16일에 입사하여 2017년 7월 20일에 퇴사한 경우, 계속근로기간은 6년 3개월 5일이다. 이 경우 퇴직금은 187.8y {= 평균임금(y) × 30 × (6+3/12+5/365)} 가 된다.

퇴직금 중간정산

근로자가 주택 구입 등 법령에서 정하는 사유로 중간정산을 요구하는 경우, 사용자는 근로자가 퇴직하기 전이라도 계속근로기간에 대한 퇴직금을 미리 정산하여 지급할 수 있다. 이러한 중간정산 제도는 기업에는 자금 여력이 있을 때 중간정산하게 함으로써 퇴직금 누적 부담을 들어주고, 근로자에게는 퇴직금을 긴요하게 필요한 생활안정자금으로 활용할 수 있도록 하기 위함이다.

퇴직금 중간정산은 취업규칙이나 단체협약 등에 근거가 있더라도 회사가 일방적으로 실시할 수 없고, 근로자의 요구가 있어야 가능하다. 그러나 근로자의 요구가 있다고 해서 회사에서 이를 들어줄 의무는 없다. 즉, 퇴직금 중간정산은 근로자의 요구와 회사의 승낙이 함께 필요하다.

퇴직금 중간정산의 남용을 막기 위하여 2012년 7월 26일부터 무주택자의 주택 구입 등 법령에서 정하는 중간정산 사유에 해당하여야만 퇴직금 중간정산이 가능하다. 퇴직금을 중간정산하여 지급한 경우, 그 후 퇴직금 산정을 위한 계속근로기간은 정산 시점부터 새로 계산하며, 중간정산 이후 1년 미만을 근무하고 퇴사하더라도 1년 미만의 기간에 대한 퇴직금을 지급하여야 한다.

※ 퇴직금 중간정산 해당 사유

1. 무주택자인 근로자가 본인 명의로 주택을 구입하는 경우
2. 무주택자인 근로자가 주거를 목적으로 전세금 또는 보증금을 부담하는 경우. 이 경우 근로자가 하나의 사업에 근로하는 동안 1회로 한정
3. 6개월 이상 요양을 필요로 하는 다음의 어느 하나에 해당하는 사람의 질병이나 부상에 대한 요양 비용을 근로자가 부담하는 경우
   가. 근로자 본인
   나. 근로자의 배우자
   다. 근로자 또는 그 배우자의 부양가족
4. 퇴직금 중간정산을 신청하는 날부터 역산하여 5년 이내에 근로자가 파산선고를 받은 경우

5. 퇴직금 중간정산을 신청하는 날부터 역산하여 5년 이내에 근로자
   가 개인회생 절차 개시 결정을 받은 경우
6. 사용자가 기존의 정년을 연장하거나 보장하는 조건으로 단체협약
   및 취업규칙 등을 통하여 일정 나이, 근속 시점 또는 임금액을 기
   준으로 임금을 줄이는 제도를 시행하는 경우
6의2. 사용자가 근로자와의 합의에 따라 소정근로시간을 1일 1시간
   또는 1주 5시간 이상 변경하여 그 변경된 소정근로시간에 따라 근
   로자가 3개월 이상 세속 근로하기로 한 경우
7. 그 밖에 천재지변 등으로 피해를 입는 등 고용노동부 장관이 정하
   여 고시하는 사유와 요건에 해당하는 경우(근로자퇴직급여 보장법 시행
   령 제3조)

퇴직금의 지급

사용자는 근로자가 퇴직한 경우에는 그 지급사유가 발생한 날부터 14
일 이내에 퇴직금을 지급해야 한다. 다만, 특별한 사정이 있는 경우에는
당사자 간의 합의에 의하여 지급기일을 연장할 수 있다. 퇴직금을 지급
하지 않은 자는 3년 이하의 징역 또는 2천만 원 이하의 벌금에 처한다.

2. 퇴직연금제도

퇴직연금제도란 기업이 근로자의 노후소득보장과 생활안정을 위해 근
로자 재직 기간 중 퇴직금 지급재원을 외부의 금융기관에 적립하고, 이
를 사용자 또는 근로자의 지시에 따라 운용하여 근로자 퇴직 시 연금
또는 일시금으로 지급하도록 하는 제도이다.

이러한 퇴직연금제도는 퇴직금제도의 문제점(예, 기업이 도산하면 퇴직금 수급권 보호 곤란, 퇴직금의 연금 기능 부재 등)을 보완하여, 근로자에게 퇴직금 수급의 안정성에 기여하고 있다.

퇴직연금의 종류에는 확정급여형(Defined Bebefits, DB)과 확정기여형(Defined Contribution, DC), 및 개인형 퇴직연금(Individual Retirement Pension, IRP)이 있다.

- 확정급여형(DB)은 근로자가 받을 급여는 퇴직금과 동일하며, 사용자가 적립금을 운용하고 그 성과 책임은 사용자가 부담한다. 근로자는 퇴직 시에 퇴직금과 동일한 금액을 일시금 또는 연금형태로 지급받게 된다.
- 확정기여형(DC)은 사용자가 매년 퇴직금 수준의 금액(임금 총액의 1/12)을 근로자 계좌로 납부하고, 근로자는 금융기관의 조언이나 제안을 받아들여 적립금 운영을 지시하고 그 운영성과 책임은 근로자가 부담한다. 근로자는 퇴직 시에 근로자의 운용실적에 따라 일시금 또는 연금으로 지급받게 된다.
- 개인형 퇴직연금(IRP): 근로자가 직장 이전 시 일시금으로 계속 적립했다가 일정한 연령 도달 시 일시금 또는 연금으로 수령한다. 적립금 운용책임이 근로자인 점 등 확정기여형과 운용 방법이 유사하다.

또한, 근로자는 혼합형 연금제도(DB와 DC에 동시 운용)에 동시에 가입하는 것도 가능하다.

3. 금품 청산

제금전 정산

퇴직자 등의 생활안정을 도모하기 위하여 사용자는 근로자가 해고·퇴직·사망 등의 경우에는 지급 사유발생일로부터 14일 이내 임금과 상여금, 퇴직금, 재해보상금, 기타 일체의 금품을 지급해야 한다. 이때 14일은 근무일과 관계없이 역일로 계산한다. 특별한 사정이 있는 경우에는 당사자 간 합의로 그 기일을 연장할 수 있다.

사용자는 천재·사변으로 임금 지급 지연이 불가피한 경우를 제외하고, 금품청산을 14일 이내에 지급하지 않은 경우, 그 다음 날부터 지급하는 날까지의 지연 일수에 대해 연 100분의 20의 지연이자를 지급해야 한다.

특약조항 확인

퇴직이 발생하게 되면, 회사의 금품청산 의무뿐만 아니라 근로자에게도 일정 부분 정산 의무가 발생하게 된다. 그것이 재직 중에 취득한 비밀유지 의무와 유학 지원에 따른 의무복무 조건 등이다.

V. 법률적 리스크

휴대폰 문자메시지로 해고를 통보한 것은 근로기준법 제27조 제1항이 규정한 서면에 의한 해고 통지로 볼 수 없으므로 효력이 없고, 부당해고에 해당한다.

(서울행법 2013-09-12 선고 2012구합36941 판결)

정년 지난 기간제 근로자의 근로계약 갱신기대권은 인정된다.

(대법원 2017-2-3 선고 2016두50563 판결)

근로계약서에 기간을 정하였지만, 그 기간이 연봉산정을 위한 연봉계약 기간에 불과한 경우 기간제 근로자로 볼 수 없고, 해고사유와 일시 등을 서면으로 통지하지 않는 것은 부당해고이다.

(중노위 2009-9-29 공포 2009부해673)

1년간의 기간제 근로자를 계약 기간 만료 전에 정년을 이유로 정년퇴직 처리한 것은 정당한 이유 없는 부당해고이다.

(중노위 2016-1-28 공포 2015부해1101)

사용자와 명시적 또는 묵시적 근로 관계가 성립된 이후 형식적으로 체결된 파견근로계약에 의거 파견계약 기간 만료를 이유로 한 근로관계 해지는 부당해고에 해당한다.

(중노위 2007-7-26 공포 2007부해317)

정년퇴직자를 기간제로 재고용하면서 임금 등 근로조건에 차이를 둔 것은 합리적 이유가 있어 차별적 처우가 아니다.

(서울행법 2013-3-21 선고 2012구합30738 판결)

2년을 초과하여 기간제 근로자를 사용할 경우 무기근로자로 전환해야 할 상황에 직면하자 재계약을 거부한 것은 부당해고에 해당한다.

(서울고법 2011-4-14 선고 2010누33971 판결)

견습 기간을 근로계약 기간에 포함시켜 2년을 초과하여 기간제 근로자로 근무한 것으로 보아 계약 기간 만료에 의한 당연 퇴직은 부당해고에 해당한다.

(서울행법 2010-12-10 선고 2010구합22764 판결)

1년마다 근로계약을 갱신하면서 2년 이상 향후 지속적으로 시행될 것이 예상되는 업무를 담당한 기간의 정함이 없는 근로자가 근로를 제공받지 않은 것은 정당한 사유가 없는 해고에 해당한다.

(광주고법 2011-4-15 선고 2010나5334 판결)

기간의 정함이 있는 근로계약에 있어서 기간이 만료함에 따라 계약이 종료되는 경우에도 해고 예고가 적용되지 아니한다.

(대구지법 2008-11-21 선고 2008고정744 판결)

근로계약서 상 계약 기간이 1년이나, 여러 사정에 비추어 근로계약에서 정한 기간은 단지 형식에 불과하여 사실상 기간의 정함이 없는 근로자의 지위에 있었다고 보아야 할 것이므로 근로계약 기간 만료통지는 실질적으로 해고에 해당한다.

(서울행법 2009-2-24 선고 2008구합35835 판결)

기간의 정함이 있는 근로계약의 경우, 그 기간의 정함이 사실상 형해화 되는 등의 특별한 사정이 없는 한 근로계약 기간 만료로 근로계약이 당연히 종료되는 것이어서 해고에 해당하지 않는다.

(서울행법 2008-8-19 선고 2008구합13088 판결)

상시 4인 이하의 근로자를 사용하는 사업 또는 사업장의 사용자가 근로자와 기간의 정함이 없는 근로계약을 체결한 경우 그 근로계약의 해지에 적용되는 법규 및 위 근로계약의 체결 시 해고제한의 특약을 한 경우 그 특약을 위반한 해고는 무효이다.

(대법원[공2008상, 584] 2008-3-14 선고 2007다1418 판결)

사용자가 2년의 사용제한 기간을 회피할 목적으로 일시적으로 근로관계를 중단했다가 다시 기간제로 근로자를 사용하는 것이 기간제법의 취지를 잠탈하는 탈법행위에 해당한다고 평가되는 경우에는, 기간제법 제4조에서 정한 2년의 사용 기간 제한을 받는다고 해석할 수 있다.

(서울행법 2015-1-8 선고 2013구합636)

채용계약 당시 정한 업무와는 다른 업무를 맡긴 뒤 업무수행 능력이 부족하다는 이유 등으로 전임 계약직 공무원을 해고한 지방자치단체장의 처분은 위법하다.

(부산지법 2012-9-7 선고 2012구합653 판결)

1년 미만 비정규직도 반복 고용 땐 퇴직금 지급해야 한다.[40]

근로계약 기간이 만료되면서 다시 근로계약을 맺어 그 근로계약 기간을 갱신하거나 동일한 조건의 근로계약을 반복하여 체결한 경우에는 갱신 또는 반복된 근로계약 기간을 합산하여 퇴직금 지급요건으로서의 계속근로 여부와 계속근로연수를 판단하여야 하고(대법원 1995. 7. 11. 선고 93다26168 전원합의체 판결 등 참조),

갱신되거나 반복 체결된 근로계약 사이에 일부 공백 기간이 있다 하더라도 그 기간이 전체 근로계약 기간에 비하여 길지 아니하고 계절적 요인이나 방학 기간 등 당해 업무의 성격에 기인하거나 대기 기간·재충전을 위한 휴식 기간 등의 사정이 있어 그 기간 중 근로를 제공하지 않거나 임금을 지급하지 않을 상당한 이유가 있다고 인정되는 경우에는 근로 관계의 계속성은 그 기간에도 유지된다고 봄이 상당하다(대법원 2006. 12. 7. 선고 2004다29736 판결, 대법원 2010. 12. 9. 선고 2010다58490 판결, 대법원 2011. 4. 14. 선고 2009다35040 판결 등 참조).

(… 중략 …) 이러한 제반 사정을 위 법리에 비추어 보면, 원고들이 동절기에 해당하는 매년 12월 하순경부터 다음 해 2월 중순경까지는 피고에게 현실적으로 근로를 제공하지 않았다고 하더라도, 그 기간이 전체 근로계약 기간에 비하여 길지 않고, 계절적 요인 등 당해 업무의 성격에 기인하여 그 기간 중 근로를 제공하지 않거나 임금을 지급하지 않을 상당한 이유가 있다고 인정되므로, 전체적으로 피고와 계속적 근로 관계에 있었다고 할 것이다. 따라서 원고들이 근로를 제공하지 않은 위 기간에도 불구하고 원고들의 근로는 위 기간을 포함한 전체 근로기간에 걸쳐 근로 관계의 계속성이 유지되었다고 봄이 타당하다.

---

40 서울중앙지법 2014-7-9 선고 2013가단5079392 판결